COLLECTION
LECLANCHÉ

COLLECTION

LECLANCHÉ

PARIS. — IMPRIMERIE DE L'ART
E. MÉNARD ET Cie, 41, RUE DE LA VICTOIRE

CATALOGUE

DES

OBJETS D'ART

ET DE HAUTE CURIOSITÉ

DE LA RENAISSANCE

Sculptures en marbre, pierre et terre cuite, Faïences italiennes, Grès

ÉMAUX DE LIMOGES

Orfèvrerie — Bronzes d'art — Plaquettes et Médailles
Armes — Coutellerie — Objets en fer, en étain et en cuir — Matières dures
Groupes — Statuettes — Panneaux — Meubles, Sièges et Portes en bois sculpté
Étoffes — Franges

TABLEAUX

La plupart de la Renaissance italienne

Œuvre remarquable par Filippino Lippi

Composant l'importante Collection

LECLANCHÉ

ET DONT LA VENTE AURA LIEU PAR SUITE DE DÉCÈS

GALERIE GEORGES PETIT, 8, RUE DE SÈZE, 8

Les Lundi 23, Mardi 24 et Mercredi 25 Mai 1892

A DEUX HEURES

Par le ministère de Mᵉ PAUL CHEVALLIER, commissaire-priseur
10, rue de la Grange-Batelière, 10

Assisté de M. CHARLES MANNHEIM, expert
7, rue Saint-Georges, 7

EXPOSITIONS

PARTICULIÈRE	PUBLIQUE
Le Samedi 21 Mai 1892	**Le Dimanche 22 Mai 1892**

DE UNE HEURE A SIX HEURES

CONDITIONS DE LA VENTE

Elle sera faite *expressément* au comptant.

Les acquéreurs payeront en sus des enchères *cinq pour cent.*

L'exposition mettant le public à même de se rendre compte de l'état et de la nature des objets, il ne sera admis aucune réclamation une fois l'adjudication prononcée.

DÉSIGNATION

TABLEAUX

BERTIN

(École de)

1 — *La Cascade.*

Groupe de figures costumées à l'antique, sur un monticule planté d'arbres, au bord d'une chute d'eau.

Toile. Haut., 55 cent.; larg., 44 cent.

BOILLY

(Attribué à)

2 — *Jeune Fille à sa toilette.*

Elle est debout, la gorge à découvert, devant une console où sont placés des flacons à parfums; intérieur Louis XVI.

Bois. Haut., 27 cent.; larg., 20 cent.

BOTTICELLI

(SANDRO)

3 — *La Sainte Famille.*

La Vierge et le petit saint Jean sont en adoration devant l'Enfant Jésus qui est assis, les deux mains posées sur un livre d'heures, les yeux levés vers sa mère.

Cadre doré à guirlande de fruits.

Bois. Diam., 78 cent.

BOTTICELLI

(SANDRO)

4 — *Jeune Femme en buste.*

Cheveux blonds, dénoués, la tête penchée sur l'épaule droite, un sein à découvert, elle a un collier de corail et porte une robe blanche rayée de galons d'or.

Bois. Haut., 42 cent.; larg., 28 cent.

BRONZINO

(École des)

5 — *Portrait de femme.*

En buste, de profil, la coiffure et le corsage galonnés d'or et enrichis de perles.

Cadre en bois sculpté à pilastres, frise et fronton chargés d'ornements Renaissance et portant à la traverse inférieure des écussons armoriés.

Bois. Haut., 57 cent.; larg., 37 cent.

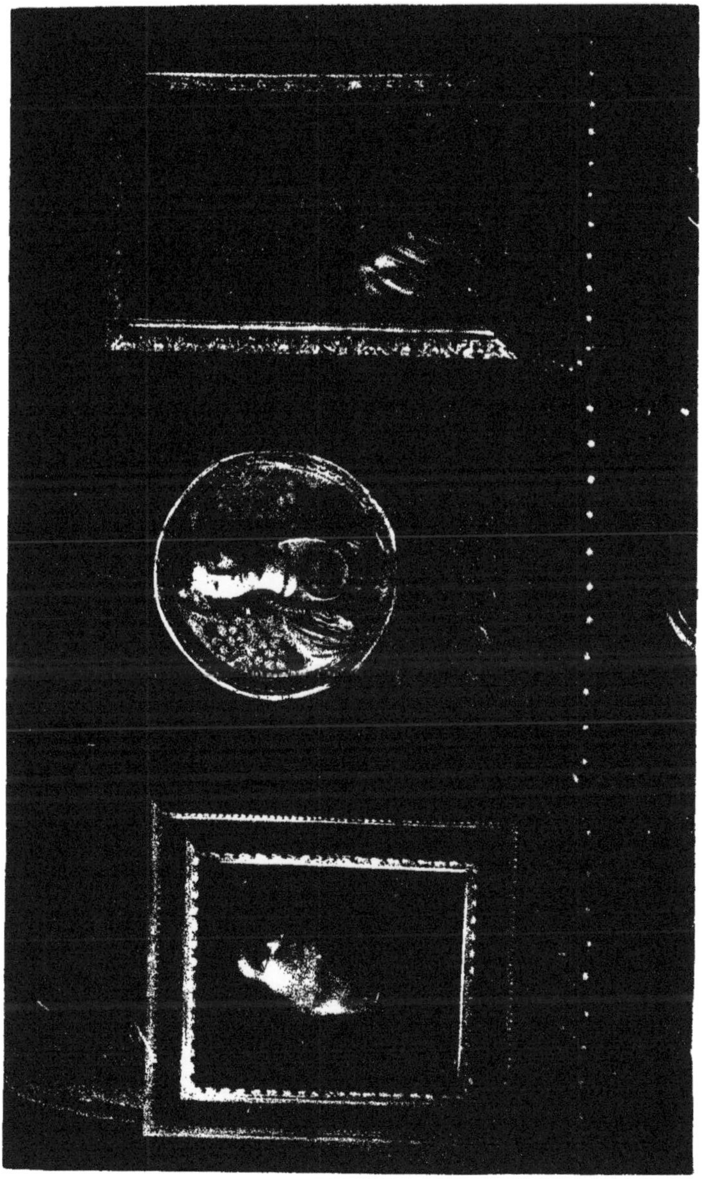

CIMA DA CONEGLIANO

(GIOVANNI BATISTA)

6 — *La Vierge et l'Enfant Jésus.*

Le visage encadré d'un voile blanc, drapée dans un manteau verdâtre, la Vierge, vue à mi-corps, presse dans ses bras l'Enfant Dieu qui est debout sur l'appui d'un balcon de pierre.

Cadre Renaissance sculpté, peint et doré, à colonnes détachées, cannelées en spirales avec chapiteaux corinthiens supportant un entablement dont la frise est décorée d'arabesques.

Bois. Haut., 46 cent.; larg., 35 cent.

CORRÈGE

(ANTONIO ALLEGRI, dit le)

7 — *Trois enfants nus dont l'un soulève une draperie.*

Dessin à la sanguine, dans un cadre italien en bois sculpté et doré.

Haut., 18 cent.; larg., 26 cent.

CORRÈGE

(ANTONIO ALLEGRI, dit le)

8 — *Tête d'enfant.*

Enfant souriant, la tête penchée en avant, la physionomie malicieuse.

Beau dessin au crayon et à la sanguine.

Haut., 37 cent.; larg., 27 cent.

CRANACH

(LUC SUNDER, dit)

9 — *Portrait de femme.*

Représentée à mi-corps, presque de face; elle porte un somptueux costume du XVIe siècle : robe de brocart ornée de broderies noires aux manches à bouffants tailladés, cornette et tour de cou en tissu d'or enrichi de perles. Elle a les mains l'une dans l'autre, les doigts chargés de bagues. Fond bleuâtre.

Beau et très intéressant portrait, portant la marque de l'artiste, le dragon ailé qui tient un anneau dans sa gueule, et la date 1534.

Bois. Haut., 51 cent.; larg., 35 cent.

CREDI

(LORENZO di)

10 — *Enfant nu, assis, tourné de trois quarts.*

Au revers, une deuxième étude du même enfant, également assis dans la même pose, mais plus en profil.

Dessin sur papier gris, au bistre, avec rehauts de blanc.

Cadre Renaissance, peint et doré.

Haut., 23 cent.; larg., 18 cent.

CROOS

(JAN VAN)

11 — *Paysage.*

Une passerelle traverse un canal de Hollande, dont les rives sont boisées. Les toitures des maisons s'aperçoivent à travers les arbres.

Bois. Haut., 24 cent.; larg., 18 cent.

FLORIS

(FRANCK)

12 — *Le Printemps.*

Jeune femme assise dans un parc, tenant une tige de lis et un vase de fleurs.

Bois, forme circulaire. Diam., 27 cent.

GHIRLANDAJO

(DOMENICO)

13 — *La Vierge; en buste.*

Nimbée, les yeux baissés, la tête légèrement inclinée en avant, couverte d'un voile de gaze, elle est vêtue d'une robe rouge et d'un manteau bleu.

Cadre Renaissance à ornements dorés se détachant en relief sur fond peint en bleu.

Fresque. Haut., 43 cent.; larg., 30 cent.

GOES

(HUGO VAN DER)

14 — *La Vierge et l'Enfant Jésus.*

Ses cheveux blonds ondulés, descendant sur les épaules, drapée dans un ample manteau rose, Marie porte son divin Fils et lui présente un encrier. L'Enfant, vêtu d'une robe longue, tient une plume et un feuillet de papier. Le fond représente un paysage boisé avec ville fortifiée.

Cadre Renaissance en bois de noyer sculpté, à pilastres ornementaux et entablement chargé de moulures et de fleurons.

Bois. Haut., 44 cent.; larg., 30 cent.

GOZZOLI

(Attribué à BENOZZO)

15 — *Quatre Anges.*

Ils sont en pied, debout, nimbés et ailés ; ils ont les mains jointes ou croisées. Trois d'entre eux portent des tuniques noires qui suivent la forme du corps ; un autre ange a une tunique rouge et des ailes noires ; un des anges qui a une tunique noire a des ailes rouges. Les ailes et les tuniques sont couvertes d'ornements dorés. Ces figures sont peintes sur un fond doré.

(Vente Marcille, 1876.)

Bois. Haut., 23 cent.; larg., 19 cent

GUARDI

(FRANCESCO)

16 — *Monuments en ruines.*

Au bord de la mer, plusieurs personnages sont arrêtés parmi des débris d'architecture, auprès de deux arcades à demi écroulées et tapissées de plantes grimpantes.

Bois. Haut., 16 cent.; larg., 23 cent.

GUARDI

(FRANCESCO)

17 — *Venise.*

A la pointe d'une île, où se dressent au-dessus d'un mur d'enceinte une tourelle et le dôme d'une église, sont amarrées quelques barques à voiles. Tout au premier plan, un pêcheur à la ligne cause avec une femme portant du linge.

Bois. Haut., 16 cent.; larg., 23 cent.

HOLBEIN

(École de)

18 — *Portrait d'homme.*

En buste, toque noire, justaucorps à galons de même couleur, surtout foncé. A droite, un blason.

Bois. Haut., 26 cent ; larg., 20 cent.

LERICHE

19 — *Fleurs.*

Bouquet de roses et de fleurs variées dans une jardinière en faïence, déposée sur une table.

Toile. Haut., 70 cent.; larg., 85 cent.

LEYDE

(Attribué à LUCAS DE)

20 — *La Passion.*

Dépouillé de ses vêtements, le Christ, les mains liées, est assis sur un tertre, entouré par les bourreaux qui font les apprêts du crucifiement.

Bois. Haut., 22 cent.; larg., 15 cent.

LIPPI

(FILIPPINO)

École florentine, 1460-1505.

21 — *Esther et Assuérus.*

Dans l'intérieur d'un palais de vastes proportions, au milieu de la salle, sous un dais de pourpre constellé d'or, Assuérus est assis sur le trône, ayant à ses côtés cinq dignitaires qui se tiennent debout dans une attitude respectueuse.

Tout en avant, guidées par des eunuques, passant de gauche à droite, défilent sept jeunes femmes en costumes de différentes couleurs, enrichis de broderies d'or. L'une d'elles, Esther, se prosterne aux pieds du roi, qui abaisse le sceptre au-dessus de sa tête.

Au second plan, l'artiste a représenté le repas des fiançailles sous un portique donnant sur un parc ; tous les convives, les hommes attablés à gauche de la composition, les femmes à droite, portent des couronnes d'or ; l'une de ces dernières s'est levée et un personnage dépose une couronne sur sa tête. De chaque côté les Hébreux, sont agenouillés.

Œuvre de tout premier ordre pour la délicatesse et la pureté du dessin, la grâce et la naïveté du style, la finesse et la transparence du coloris. C'est un admirable spécimen de l'art florentin à son apogée, dans la seconde moitié du XVe siècle.

Bois. Haut., 47 cent. ; larg., 1 m. 31 cent.

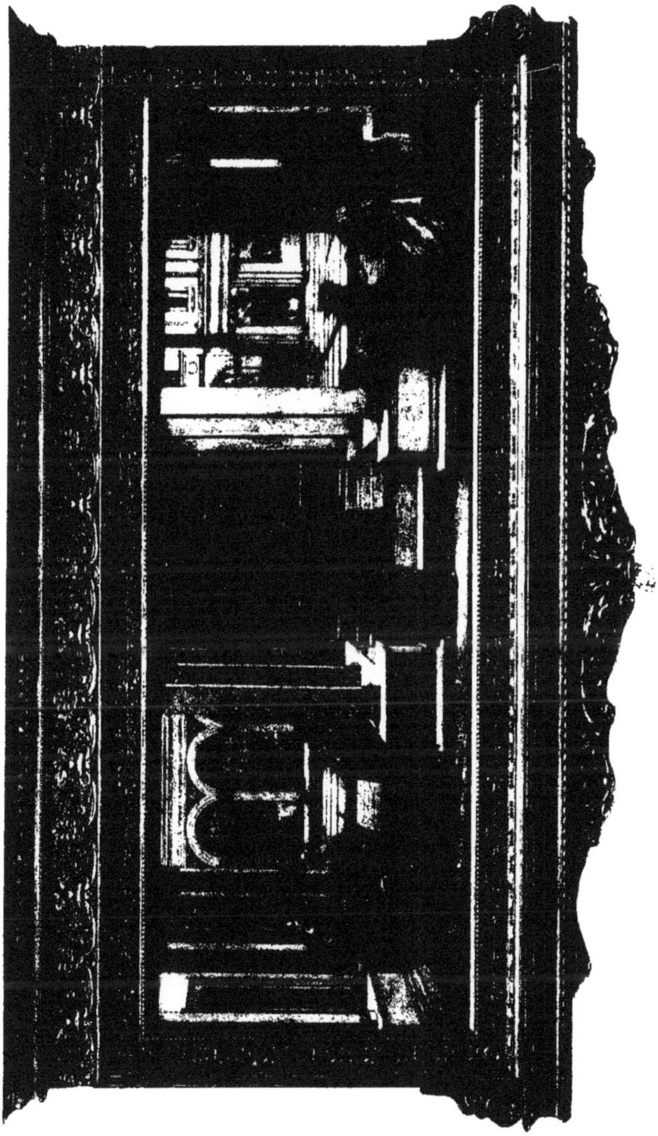

LIPPI

(École de FRA FILIPPO)

22 — *La Madone.*

La Vierge, vue de trois quarts, portant un voile blanc, presse dans ses bras l'Enfant Jésus qui joue avec les brides de sa coiffure. Fond de paysage.

Œuvre très intéressante.

Cadre doré, d'aspect architectural, à pilastres et frise décorés de fleurons et d'arabesques Renaissance. En bas, deux écussons armoriés.

Bois. Haut., 68 cent.; larg., 52 cent.

MARIO DI FIORI

23 — *Bouquets et guirlandes.*

Deux pendants.

Haut., 17 cent.; larg., 23 cent.

METSYS

(École de)

24 — *La Sainte Famille.*

La Vierge allaite l'Enfant Jésus qui est assis sur un lange, une pomme dans la main. A gauche, saint Joseph tenant des besicles et un parchemin déroulé.

Bois. Haut., 36 cent.; larg., 27 cent.

MONNOYER

(École de BAPTISTE)

25 — *Vase de fleurs.*

Toile. Haut., 75 cent.; larg., 60 cent.

MYTENS

(A.)

26 — *La Fillette au perroquet.*

En robe de satin jaune, avec écharpe rose, de longues plumes fixées dans ses cheveux blonds, elle caresse un perroquet qui se tient sur son doigt. Figure à mi-corps, grandeur nature.

Bois.

ORLEY

(B. VAN)

27 — *Volet de triptyque.*

Volet représentant un roi mage, vêtu d'une robe rouge, tailladée, l'épée au côté, une belle escarcelle pendue à la ceinture, tenant un sceptre et un vase d'or.

Bois. Haut., 87 cent.; larg., 24 cent.

PALAMÈDES

(STEVENS)

28 — *L'Escarmouche.*

Deux mousquetaires font le coup de feu, postés sur un chemin qui longe un torrent. Deux autres gisent sans mouvement sur le sol. De l'autre côté du torrent, on aperçoit un monument en ruines au milieu d'un bois.

Vente Beurnonville.

Bois. Haut., 45 cent.; larg., 65 cent.

PARMESAN

29 — *Divinités de l'Olympe et fleuves.*

Dessin à la plume, lavé de bistre et gouaché de blanc. Cadre italien en bois sculpté et doré.

Haut., 32 cent.; larg., 25 cent.

PATER

(Attribué à)

30 — *Groupe de cinq figures.*

Esquisse sur papier.

Haut., 13 cent.; larg., 17 cent.

POURBUS

(École des)

31 — *Portrait de femme.*

Représentée en buste, de trois quarts, en costume de la fin du XVIe siècle; large collerette empesée et relevée en éventail, robe noire agrémentée de rubans et de guipure, collier de perles.

Bois. Haut., 19 cent.; larg., 17 cent.

PRUD'HON

(Genre de)

32 — *Amour portant un réchaud allumé.*

33 — *Amour volant et tenant une torche.*

Deux peintures en grisaille gouachées sur velours.

Haut., 12 cent.; larg., 9 cent.

SANZIO

(Attribué à RAPHAEL)

34 — *Portrait présumé de Pinturicchio.*

En buste, de grandeur naturelle, la figure de trois quarts tournée à gauche; cheveux blonds tombant sur le cou, bonnet noir, vêtement plissé; fond grisâtre avec encadrement blanc.

Ce portrait, remarquable par son exécution et le caractère que le maître a donné au personnage, a fait supposer à quelques connaisseurs qu'il pouvait être une œuvre de Raphael dont le Pinturicchio était le condisciple et l'ami.

Il est peint à fresque sur brique et était primitivement encastré au-dessus de la porte de la maison qu'habitait Pinturicchio.

(Extrait du catalogue de la vente Beurnonville, 1881.)

Haut., 50 cent.; larg., 35 cent.

SANZIO

(École de RAPHAEL)

35 — *Saint Georges.*

Montant un cheval blanc lancé au galop, revêtu d'une riche armure, il transperce le dragon de sa lance.

Cadre sculpté à jour.

Bois. Haut., 35 cent.; larg., 26 cent.

ZURBARAN

(D'après)

36 — *Moine en prière.*

La tête couverte du capuchon, il est à genoux, les mains croisées et tenant une tête de mort.

Cadre italien, sculpté et doré.

Bois. Haut., 27 cent.; larg., 18 cent.

ECOLE ALLEMANDE

(xvᵉ siècle)

37 — *La Vierge et l'Enfant Jésus.*

La Vierge Marie tient dans ses bras l'Enfant Jésus, enveloppé d'un lange. Elle a pour vêtement une robe verte et un manteau rouge bordé de passements d'or. Ces deux figures sont représentées sous une arcade gothique à colonnes de marbre, à travers lesquelles on aperçoit une campagne accidentée et parsemée d'habitations.

Cadre décoré de festons de fleurs peints sur fond doré.

Bois Haut., 45 cent : larg., 32 cent.

ECOLE DE SIENNE

(xivᵉ siècle)

38 — *La Vierge et l'Enfant.*

La Vierge, assise sur un trône, présente un fruit à l'Enfant Jésus qui est vêtu d'une robe blanche. Fond doré.

Cadre à faisceau de colonnettes torses surmontées de clochetons et reliées par un arceau en ogive.

Bois. Haut., 95 cent.; larg., 48 cent.

ECOLE PRIMITIVE D'ITALIE

(xivᵉ siècle)

39 — *Une Sainte Femme.*

En buste, dans un paysage. Elle est vêtue d'une robe rose et d'un surtout brun et porte une coiffure haute, d'étoffe rouge, dont les plis encadrent le visage.

Cadre Renaissance, de forme monumentale, en noyer sculpté, à pilastres décorés d'arabesques et entablement couvert d'ornements.

Bois. Haut , 29 cent.; larg., 18 cent.

ECOLE D'ITALIE

(XIVe siècle)

40 — *La Vierge.*

Nimbée, la tête penchée en avant, les mains jointes, vêtue d'une robe rose garnie de galons d'or. A mi-corps.

Cadre Renaissance doré à colonnes détachées supportant un entablement.

Bois. Haut., 30 cent.; larg., 25 cent.

ECOLE D'ITALIE

(XVe siècle)

41 — *Deux Saints.*

Saint Sébastien et saint Roch, sous deux arcades surmontées d'une frise où est représentée la Salutation angélique.

Bois. Haut., 35 cent.; larg., 25 cent.

ECOLE D'ITALIE

(XVe siècle)

42 — *Madone.*

L'Enfant Jésus a les bras au cou de sa mère qui se penche vers lui avec une tendre sollicitude. Nimbes et fonds dorés.

Bois. Haut., 55 cent.; larg., 35 cent.

ECOLE D'ITALIE

(xve siècle)

43 — *Un Saint.*

Debout, la tête nimbée, en tunique courte et manteau agrafé sur l'épaule, il a le bâton et le chapeau de pèlerin et tient un livre de prières.

Bois. Haut., 1 m. 5 cent.; larg., 40 cent.

ECOLE DE FERRARE

(xve siècle)

44 — *Deux Évangélistes, vêtus de rouge, représentés en pied dans un paysage.*

Bois. Haut., 30 cent.; larg., 22 cent.

ECOLE MILANAISE

(De la fin du xve siècle)

45 — *Jeune Homme; en buste.*

La tête haute, rejetée en arrière, les regards élevés vers le ciel, une toque posée sur ses longs cheveux, il porte un pourpoint foncé à petit col brodé d'or.

Peinture intéressante.

Bois. Haut., 34 cent.; larg., 28 cent.

ECOLE FLORENTINE

(XVe siècle)

46 — *Sainte Famille.*

La Vierge soutient des deux mains l'Enfant Jésus qui est debout sur l'appui d'une balustrade. A gauche, le petit saint Jean, en adoration; à droite, un saint évêque tenant un livre de piété. Le fond est gravé et doré.

Peinture dans le style de Lippi.

Cadre en forme d'arcade à pilastres cannelés.

Bois cintré du haut. Haut., 74 cent.; larg., 45 cent.

ECOLE FLORENTINE

(XVe siècle)

47 — *Figure allégorique de la Fidélité.*

Jeune femme, en tunique rose, debout, les pieds sur un chien blanc couché qu'elle regarde, tout en indiquant le ciel de la main droite. Cette figure se détache sur un panneau architectural à fond noir entouré d'une bordure à ornements sur fond blanc.

Fresque transportée sur toile.

Haut., 1 m. 26 cent.; larg., 75 cent.

ECOLE FLORENTINE

(XVe siècle)

48 — *La Vierge et l'Enfant Jésus.*

Assise sur un trône de pierre sculpté et en forme de niche, la Vierge, vêtue de long, coiffée d'un voile blanc, tient dans ses bras l'Enfant Jésus qui a dans les mains une grenade.

Cadre doré, de style architectural, à colonnes détachées soutenant l'entablement.

Bois cintré du haut. Haut., 70 cent.; larg., 40 cent.

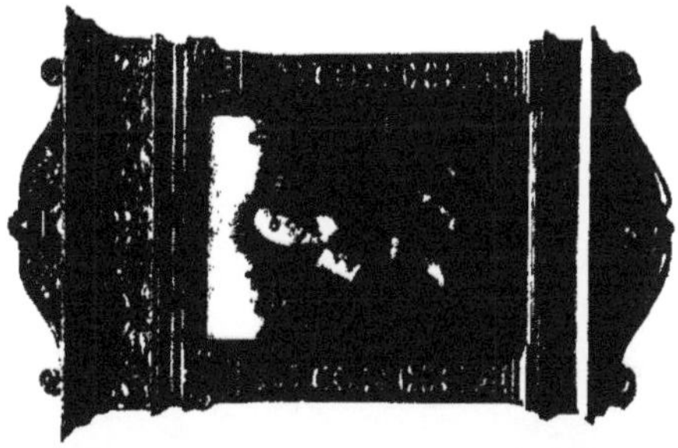

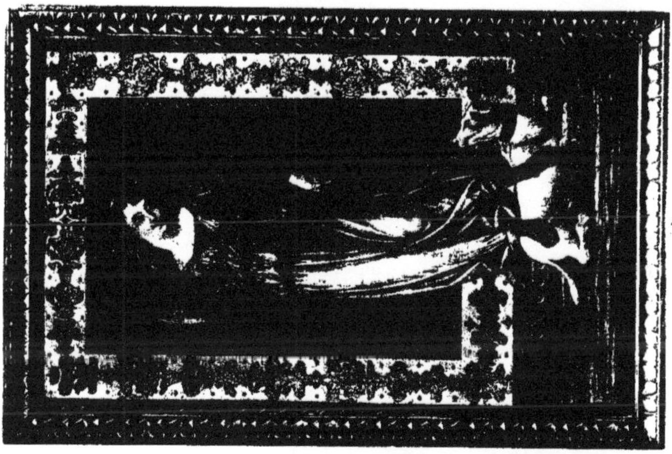

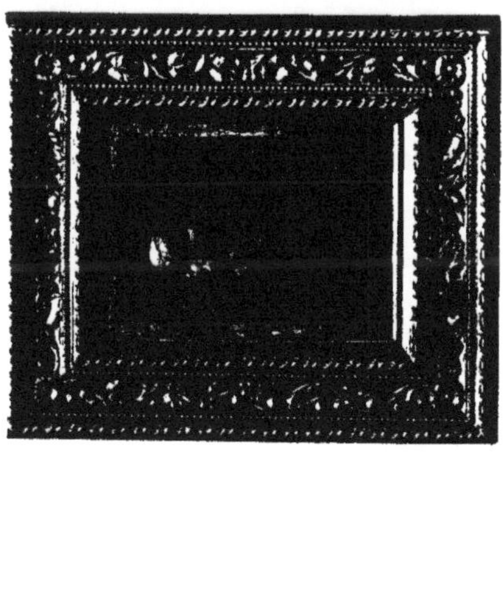

ECOLE FLORENTINE

(XVe siècle)

49 — *Un Ange.*

Ange en tunique rose jouant du luth. Peinture sur fond doré.

Bois. Haut., 47 cent.; larg., 20 cent.

ECOLE ANGLAISE

50 — *Portrait de femme.*

Jeune femme en toilette du temps de Louis XVI, chapeau rond à bouffants d'étoffes, rubans bleus dans les cheveux et sur la poitrine. Esquisse ovale.

Haut., 15 cent.; larg., 12 cent.

ECOLE FRANÇAISE

51 — *Portrait de femme.*

En costume de la Révolution, un fichu noué autour de la tête, un autre couvrant les épaules, elle a de grands pendants d'oreilles et une ceinture tricolore.

Haut., 55 cent.; larg., 45 cent.

ECOLE FRANÇAISE

52 — *Portrait de femme.*

En robe bleue, décolletée, avec revers de soie blanche, le cou entouré d'un ruban garni de perles.

Toile. Haut., 57 cent.; larg., 47 cent.

ECOLE FRANÇAISE

53 — *Paysage.*

Site accidenté, avec cascades et rochers. En bas, des initiales peu visibles.

Haut., 24 cent ; larg., 33 cent.

ECOLE FRANÇAISE

54 — *Les Chanteuses.*

Trois jeunes dames, costumées à l'orientale et coiffées de toques à grandes plumes, chantent en compagnie d'un jeune homme.

Toile. Haut., 23 cent.; larg., 18 cent.

ECOLE HOLLANDAISE

(XVIIe siècle)

55 — *Nature morte.*

Corbeille pleine de châtaignes, noix et pommes, sur une table de cuisine. Cadre ancien en bois sculpté.

Toile. Haut.; 38 cent.; larg., 48 cent.

ECOLE MODERNE

56 — *Nature morte.*

Chou, cafetière et poteries sur une table recouverte d'une nappe.

Haut., 60 cent.; larg., 42 cent.

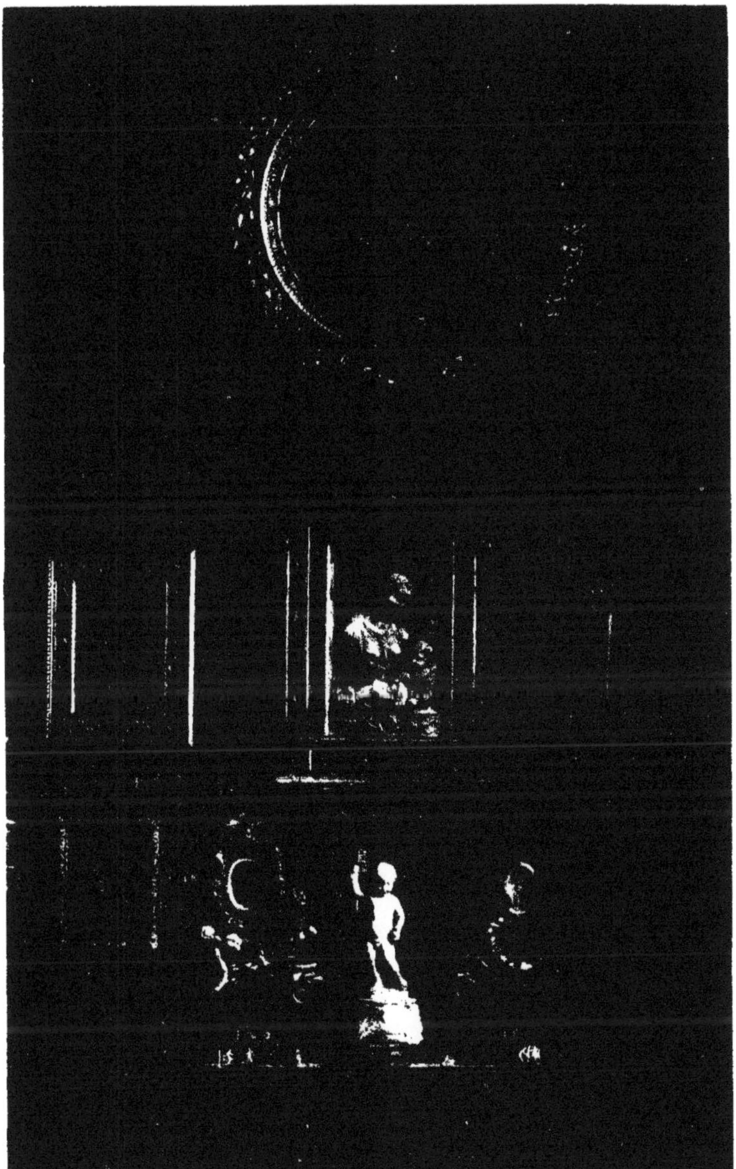

DÉSIGNATION DES OBJETS

SCULPTURES

57 — MARBRE BLANC. Vase antique à panse ovoïde et à ouverture large, couvert de fines sculptures en bas-relief représentant des bucranes reliés par des guirlandes de fruits et de fleurs et par des rubans. Le culot présente des feuilles montantes séparées par des palmettes et, au-dessus, une frise composée d'une grecque et enrichie de rosaces. Beau travail grec.

Haut., 40 cent.; diam., 30 cent.

58 — MARBRE BLANC. Statuette attribuée à *Mino da Fiesole* : l'Enfant Jésus nu et debout dans l'attitude de la bénédiction. Objet remarquable et de la plus grande rareté.

Hauteur de la statuette, 43 cent.

59 — MARBRE BLANC. Socle à gorge et sculpté en bas-relief, décoré de feuilles montantes, de têtes de chérubins et de rinceaux, attribué à *Benedetto da Maïano*.

Hauteur du socle, 15 cent.

60 — MARBRE BLANC. Bas-relief rectangulaire en hauteur : la Vierge nimbée, vue à mi-corps et drapée, tient l'Enfant Jésus de ses deux bras. Ce dernier, également nimbé, bénit de la main droite. Une frise servant de base au sujet principal est décorée de deux génies ailés voltigeant et tenant une couronne de laurier. École florentine de la fin du xve siècle. Il est placé

dans un cadre à pilastres, décoré d'ornements en stuc doré se détachant en partie sur fond bleu.

Hauteur du cadre, 1 m. 5 cent.; larg., 80 cent.

61 — PIERRE. Médaillon rond offrant en bas-relief un buste d'homme de profil à droite, la tête couverte d'une couronne ouverte. On lit dans le champ : ALESSANDRO PIO. Des traces de dorure se voient dans ses cheveux. Italie, XVIe siècle.

Diam., 21 cent.

62 — ALBATRE. Bas-relief représentant le sujet du Calvaire. Il est placé dans un cadre à fronton en bois peint, avec colonnes et incrustations en marbre. Le Père éternel, entouré de chérubins, exécuté aussi en albâtre, décore la partie cintrée du fronton. Italie, XVIe siècle.

Hauteur totale, 70 cent.; larg., 41 cent.

63 — PIERRE NOIRE DE FLORENCE. Bas-relief rectangulaire en hauteur : Buste d'homme de profil à droite, la tête garnie d'une couronne ouverte. On lit à la base le nom de GHALBA. XVIe siècle.

Haut., 49 cent.; larg., 29 cent.

64 — MARBRE TENDRE. Statuette de saint personnage debout, les mains jointes et dans l'attitude de l'adoration. Il est vêtu de long et porte un étui suspendu à sa ceinture. XVIe siècle.

Haut., 42 cent.

65 — MARBRE BLANC. Enfant nu et debout tenant sur son épaule droite un dauphin disposé pour lancer l'eau. Italie, fin du XVIe siècle.

Haut., 67 cent.

66 — MARBRE BLANC. Statue d'enfant vu à mi-corps posé sur une base ovale adhérente. Il est vêtu d'une robe ajustée, serrée à

la taille, et tient de sa main droite une plume et une branche de feuillages. Italie, XVIe siècle.

Haut., 43 cent.

67 — MARBRE BLANC. Médaillon rond offrant en bas-relief le portrait en buste de profil à droite, de *Galeas Marie Sforce, duc de Milan*, portant la coiffure et le costume florentins de la fin du XVe siècle. On lit dans le champ : G. M. SF. D. M. QVINTVS. Cadre en bois sculpté et doré à fleurs et ornements. Italie, fin du XVe siècle.

Diamètre total, 80 cent.

68 — PIERRE PEINTE REHAUSSÉE DE DORURE. Statuette d'ange provenant d'un retable et pinçant de la mandoline. Travail français des premières années du XVIe siècle.

Haut., 31 cent.

69 — MARBRE BLANC. Statuette de Vénus au dauphin ; elle est debout et tient une coquille. Italie, XVIIe siècle.

Haut., 90 cent.

70 — CIRE BLANCHE. Buste de profil à droite : IOANNA AVSTRIACA MAGNA DVCISS. ETRVRIAE. XVIe siècle.

Diamètre sans le cadre, 5 cent.

71 — TERRE CUITE. Maquettes des deux figures d'hommes de Michel-Ange qui décorent le tombeau de Laurent de Médicis, à Florence.

Haut., 55 cent.; largeur de chacune d'elles, 56 et 58 cent.

72 — TERRE CUITE PEINTE. Haut relief sans fond représentant un portrait de femme, la tête couverte par un voile. Italie, fin du XVe siècle.

Haut., 36 cent.

73 — TERRE CUITE. Main et avant-bras d'un enfant, d'un modelé très souple, dans le style de François Flamand.

Larg., 22 cent.

74 — Terre cuite. Bas-relief représentant la Vierge assise, tenant l'Enfant Jésus sur ses genoux. Cette pièce, dans le goût de Donatello, nous paraît avoir été moulée.

Hauteur sans le cadre en bois noir, 24 cent.; larg., 15 cent.

75 — Bois de chêne. Statuette : Sainte femme debout, vêtue de long avec manches à crevés, coiffure large, et tenant une custode de la main gauche. France, xve siècle.

Haut., 51 cent.

76 — Bois de chêne. Petit groupe : La Vierge debout, vêtue de long et couronnée, porte l'Enfant Jésus assis sur son bras gauche. France, xvie siècle.

Haut., 46 cent.

77 — Bois de noyer. Panneau sculpté en bas-relief et représentant une divinité marine debout accompagnée d'un génie à califourchon sur un dauphin. France, xvie siècle.

Haut., 52 cent.; larg., 24 cent.

78 — Bois de noyer. Deux vantaux de crédence, du xvie siècle, représentant un cartouche à volutes, orné au centre d'un mufle de lion.

Haut., 32 cent.; larg., 29 cent.

FAÏENCES — GRÈS

79 — Fabrique de Gubbio. — Petit plat rond à décor à reflets métalliques rouge rubis et mordorés sur fond bleu. Au centre, enfant nu assis s'appuyant sur une boule, en camaïeu grisâtre; les détails bleus et quelques parties rehaussées de reflets métalliques. Au marli, palmettes, rinceaux et ornements variés à reflets et sur fond bleu. Nous attribuons ce plat, qui porte au revers la date de 1532, à *Maestro Giorgio*.

Diam., 245 millim.

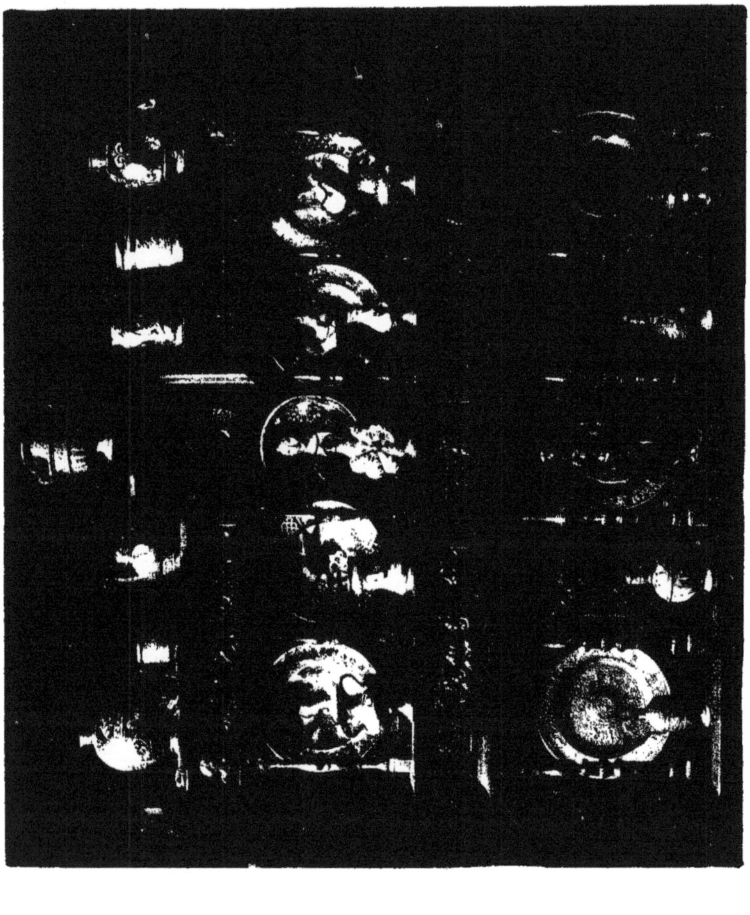

80 — Même fabrique. Petit vase piriforme à piédouche et à une anse à décor à reflets métalliques, rehaussé de bleu et de vert. Sur la panse, dans un médaillon, buste de femme de profil à gauche posé sur un vase placé entre deux branches de feuillages. Au bord supérieur, ligne en zig-zag avec fleurettes dans les entredeux.

Haut., 22 cent.

81 — Fabrique de Faenza. Médaillon rond, offrant, en bas-relief, un buste de femme, de trois quarts à gauche, dont les cheveux blonds nattés, que surmontent deux petites ailes, viennent se rattacher au-dessous d'un médaillon suspendu à un collier de perles. Ce médaillon a dû contenir un bijou d'or qui a disparu. Les vêtements sont émaillés bleu et vert et le champ est décoré de fleurs arabesques polychromes. L'encadrement est formé d'une moulure ornée, émaillée violet. Pièce rare et d'un goût exquis.

Diam., 33 cent.

82 — Fabrique de Deruta. Plat rond à décor à reflets mordorés et bleu nacré, rehaussé de bleu. Au fond, buste de femme de profil à gauche, coiffée d'un casque décoré d'un dragon ailé. Devant la figure, une banderole porte l'inscription suivante : TIMOR. D^oMINI. EFILIVM. SVI. Au marli, frise d'ornements dits postes.

Diam., 42 cent.

83 — Fabrique de Deruta. Plat rond à décor à reflets métalliques mordorés, bleu nacré et violets, rehaussé de bleu. Au fond, dragon héraldique ailé tenant un écusson armorié. Au marli, imbrications, palmettes fleuries et ornements séparés par des rayons.

Diam., 40 cent.

84 — Fabrique de Deruta. Plat rond à décor à reflets métalliques bleu nacré et mordorés sur fond bleu. Au fond, buste

de femme de profil à droite et banderole portant une inscription italienne. Au marli, couronne de fleurs sur fond bleu.

Diam., 40 cent.

85 — Fabrique de Deruta. Plat rond à décor à reflets métalliques bleu nacré et mordorés sur fond bleu. Au fond, buste de femme de trois quarts à gauche, le sein droit découvert et la tête couverte par une auréole ornée. A droite et à gauche de la tête, deux branches de fleurs. Au marli, compartiments imbriqués, ornements et palmettes fleuries séparés par des rayons.

Diam., 42 cent.

86 — Fabrique de Deruta. Vase à deux anses et sur piédouche à reflets métalliques bleu nacré et mordorés, rehaussé de bleu. Il offre sur la partie supérieure de la panse des palmettes feuillagées et renversées, et au culot et sur le piédouche de faux godrons.

Haut., 24 cent.

87 — Fabrique de Deruta. Vase analogue à celui qui précède mais plus petit. Le col de celui-ci est décoré de quadrillages.

Haut., 21 cent.

88 — Fabrique de Faenza. Curieuse gourde à panse lenticulaire, à côtes et rosace rayonnante, garnie au pourtour de quatre petites attaches et décorée d'ornements et d'arabesques polychromes sur fond bleuté.

Haut., 28 cent.

89 — Fabrique de Faenza. Vase cylindrique légèrement évasé, à décor analogue à la pièce qui précède. Dans le haut, règne une couronne de laurier.

Haut., 22 cent.; diam., 17 cent.

90 — Fabrique de Faenza. Vase de même forme, mais plus

petit. Celui-ci est décoré de mascarons, de rinceaux et d'ornements variés en camaïeu bleu sur fond bleu foncé.

Haut., 14 cent.; diam., 13 cent.

91 — Fabrique de Faenza. Cornet décoré de cornes d'abondance, de rinceaux fleuris et d'une palmette se détachant en bleu et jaune d'ocre sur fond bleu foncé. Il offre sur sa face, dans un médaillon entouré de feuillages verts, un buste de jeune fille vue de face.

Haut., 21 cent.

92 — Fabrique de Faenza. Cornet analogue, avec anse et goulot, décoré d'un buste de femme de profil à gauche dans une couronne de laurier.

Haut., 23 cent.

93 — Fabrique de Faenza. Vase de pharmacie à panse sphérique, anse plate et goulot à tête de dragon. Il est décoré de deux figures d'anges debout et de palmettes en camaïeu bleu sur fond jaune d'ocre.

Haut., 24 cent.

94 — Fabrique de Faenza. Vase cylindrique à deux anses en S et monté sur piédouche. Il est décoré de deux médaillons : l'un représentant un buste de femme de profil, et l'autre un cheval couché. Le fond est décoré de rinceaux et de palmettes en bleu sur fond orangé.

Haut., 16 cent.

95 — Fabrique de Faenza. Cornet à fond blanc, décoré de deux médaillons contenant des bustes de profil. Le fond est couvert d'arabesques et de fleurons en brun et vert.

Haut., 22 cent.

96 — Fabrique de Faenza. Plaque rectangulaire en hauteur, décorée en bleu avec rehauts d'émail jaune sur fond blanc

et représentant la Vierge portant l'Enfant Jésus qui donne la bénédiction à deux donateurs agenouillés. Dans le haut de la composition, deux chérubins. Cadre de bois noir à moulures guillochées.

Haut., 40 cent.; larg., 34 cent.

97 — Fabrique de Faenza. Fond de plat offrant en camaïeu bleu une figure de femme assise, tenant un miroir, accompagnée d'un satyre. Au pourtour, frise d'ornements exécutés par le procédé dit *bianco sopra bianco*. Dans un cadre riche en bois sculpté et doré à cariatides de femmes et de génies ailés, rinceaux, cornes d'abondance, oiseaux, etc. Italie, xvie siècle.

Hauteur du cadre, 58 cent.; larg., 41 cent.

98 — Fabrique de Faenza. Cornet cylindrique à décor de rinceaux feuillagés, en bleu sur fond blanc.

Haut., 18 cent.

99 — Fabrique d'Urbino. Vase cylindrique à compartiments à l'intérieur et garni à sa base d'un goulot déversoir. Il est garni de deux anses à double serpent, ses pieds sont formés de griffes de lion, et il est décoré d'une double frise d'animaux, de grotesques et d'armoiries en couleur sur fond blanc.

Haut., 24 cent.; diam., 27 cent.

100 — Fabrique d'Urbino. Petite coupe ronde repoussée à bossages et sur pied bas, décorée au centre d'un médaillon convexe à figure d'amour assis, sur fond bleu. Le pourtour offre divers motifs d'ornements à rinceaux, mascarons et feuillages, se détachant alternativement en bleu et blanc sur jaune d'ocre et en ocre et blanc sur bleu foncé,

Diam., 22 cent.

101 — Fabrique d'Urbino. Coupe ronde repoussée à bossages,

décorée d'arabesques réservées en blanc sur fond gros bleu. Cadre en bois sculpté peint en noir et doré.

Diam., 28 cent.

102 — Fabrique d'Urbino. Deux petits cornets à décor polychrome, figures d'Amours et paysages avec groupe de maisons.

Haut., 20 cent.

103 — Fabrique de Castel-Durante. Cornet à rinceaux fleuris sur fond bleu et médaillon : Portrait de femme.

104 — Fabrique de Castel-Durante. Cornet à trophées d'armes en jaune sur fond bleu, avec médaillon ovale représentant un évêque.

Haut., 29 cent.

105 — Fabrique de Castel-Durante. Cornet à rinceaux feuillagés et médaillon à buste de guerrier casqué, fond bleu.

Haut., 29 cent.

106-107 — Fabrique de Castel-Durante. Deux vases ovoïdes décorés de zones d'ornements sur fond varié de nuances, bleu, vert et jaune d'ocre. Chacun d'eux offre un médaillon ovale sur sa face principale, qui renferme une tête casquée et une sainte femme vue à mi-corps.

Haut., 33 cent.

108 — Fabrique de Castel-Durante. Vase sphérique à grosses fleurs et feuillages en émaux de couleurs sur fond bleu.

Haut., 25 cent.

109 — École des Robbia. Plaque circulaire en terre émaillée de l'école des della Robbia. Un écusson à fond d'émail jaune porte une chèvre héraldique et se détache en saillie, au milieu d'une coquille fond bleu, entourée d'une grosse guirlande de fruits et de feuillages en émaux jaune et vert.

Diam., 65 cent.

110 — Fabrique italienne. Vase à deux anses formées de dauphins, à bandeau à décor d'ornements en relief, culot à godrons et à gorge ornée d'imbrications saillantes, le tout émaillé bleu empois.

Haut., 30 cent.

111 — Terre émaillée de Palissy. Coupe ronde, à bords festonnés, offrant au centre une rosace feuillagée et à la chute six mascarons entourés de draperies, le tout en relief et en émaux polychromes. Le revers est jaspé de brun et de violet.

Diam., 23 cent.

112 — Fabrique hispano-mauresque. Plat rond à ombilic et à feuillages gaufrés en relief au marli. Il est décoré de fleurs et de feuillâges à reflets métalliques cuivreux, avec rehauts de bleu.

Diam., 40 cent.

113 — Fabrique de Delft. Deux compotiers côtelés et à décor de fleurs et d'ornements dans le goût chinois en bleu et rouge.

Diam., 34 cent.

114 — Grès allemand. Cruche à panse sphérique en grès émaillé bleu et à rosaces en relief réservées en gris. Le col est orné d'un mascaron. Elle est garnie en étain.

Haut., 36 cent.

115 — Grès allemand. Cruche de forme analogue, en grès émaillé gris et bleu. La partie inférieure de la panse est décorée de cannelures et la partie supérieure d'ornements obtenus à l'aide de cachets. Le col est également orné d'un mascaron.

Haut., 27 cent.

ÉMAUX DE LIMOGES

116 — Plaque ronde. Peinture en grisaille sur fond noir, chairs teintées, attribuée à *Léonard Limousin*. Elle représente Hercule cherchant à atteindre à l'aide d'une flèche le centaure Nessus qui enlève Déjanire. Près du dieu, un personnage à demi courbé et vu de dos tient une urne.

Dans un cadre carré, en velours ponceau avec moulures en cuivre doré.

Diamètre de la plaque, 22 cent.

117 — Plaque carrée. Peinture en émaux de couleurs, sur fond noir, avec rehauts de dorure, par *Léonard Limousin*. Sibylle portant une couronne d'épines. La figure est circonscrite par une couronne de laurier et les angles sont décorés d'ornements dorés sur fond brun. Une banderole porte l'inscription : Sybi Delfice.

Dans un cadre en velours avec moulures en bronze doré et écoinçons émaillés de travail moderne.

Diamètre de la plaque, 135 millim.
Diamètre du cadre, 240 millim.

118 — Plaque carrée. Peinture en grisaille, chairs teintées sur fond noir, attribuée à *Pierre Pénicaud*, et représentant le Jugement de Pâris. La plaque porte au revers le poinçon des Pénicaud.

Haut. et larg., 8 cent.

119 — Plaque rectangulaire. Peinture en grisaille sur fond noir, attribuée à *Pierre Raymond*. Elle représente Junon dans son char et Éole. On lit dans le champ : Ivne — Eolvs. Cadre en cuivre doré.

Haut., 8 cent.; larg., 13 cent.

120-121 — Deux plaques rectangulaires. Peintures en grisaille sur fond noir, les chairs légèrement teintées. XVIe siècle. L'une d'elles représente la Charité figurée par une femme assise entourée par six enfants. L'autre représente deux figures allégoriques de femmes assises sur des nuages.

Ces deux plaques sont placées dans des cadres à consoles et à fronton découpé, en bois noir incrusté de bois de couleur avec bossettes rapportées.

Hauteur des plaques, 55 millim.; larg., 13 cent.
Hauteur des cadres, 26 cent.; larg., 24 cent.

122 — PETITE PLAQUE RONDE. Peinture en grisaille sur fond noir par *Pierre Raymond*, représentant David figuré par un enfant, vainqueur de Goliath. Les initiales de l'artiste se lisent au revers de la plaque.

Diam., 5 cent.

123-124 — DEUX PLAQUES RONDES. Peintures en grisaille rehaussées de bleu et de dorure sur fond noir. Elles représentent Charlemagne et Godefroy de Bouillon, montant des chevaux caparaçonnés; l'une d'elles porte les initiales de *Colin Nouailher*. Elles sont placées dans des cadres dorés garnis de plaques d'émail à décor d'arabesques dorées sur fond bleu.

Diam., 22 cent.

125 — SALIÈRE hexagone en agate jaspée, à cavité en émail de couleurs : buste de femme, et socle en argent gravé, repoussé et doré, à feuilles et godrons. XVIe siècle.

Diam., 75 millim.

ORFÈVRERIE

126 — VIDRECOME cylindrique en argent gravé et doré en partie; le couvercle et le pied sont repoussés à godrons et mascarons et garnis d'une torsade. Allemagne, fin du XVIe siècle.

Haut., 24 cent.

127 — VIDRECOME en argent repoussé et doré, décoré de mascarons, rinceaux, feuillages et enroulements. L'anse est ornée d'une cariatide et le couvercle est surmonté d'une figurine d'enfant assis. XVIe siècle.

Haut., 15 cent.

128 — COUPE ronde en argent ciselé et doré. Elle offre à l'intérieur un bas-relief rond, représentant *Loth et ses filles*. Le pied est orné d'une statuette de femme ailée, les bras élevés et tenant des rinceaux. La base est chargée de groupes de fruits et de cartouches. Ce pied date du XVIe siècle. La coupe est de travail moderne, c'est une reproduction d'une plaquette cataloguée sous le n° 202 de la présente collection.

Haut., 18 cent.; diam., 17 cent.

129 — GOBELET couvert, sur pied bas, reposant sur trois têtes de chérubins en argent gravé, doré en partie. Le couvercle est surmonté d'une figurine de guerrier tenant une hallebarde et un écusson. La bague qui décore la partie supérieure du pied est découpée à jour et représente des figures assises, des oiseaux et des têtes de chérubins. Allemagne, XVIIe siècle.

Haut., 20 cent.

130 — VASE à boire en forme de calice en argent repoussé et doré, couvert de rinceaux, de guirlandes et de têtes de chérubins. Pied à nœud godronné. Allemagne, XVIIe siècle.

Haut., 17 cent.

131 — VASE à panse cylindrique légèrement évasé à sa partie supérieure, en argent repoussé à bossages et à bord gravé. Pied à balustre décoré de mascarons têtes de satyres. Allemagne, XVIIe siècle.

Haut., 19 cent.

132 — GOBELET à côtes en argent doré, décoré d'ornements gravés et sur pied droit décoré de coquilles en relief. Il est accompagné d'un couvercle à ornements gravés. Allemagne, XVIIe siècle.

Haut., 10 cent.

133 — GOBELET évasé du haut et ceint à sa base d'une torsade en saillie portant trois têtes de chérubins. La base est à moulures. XVIIe siècle.

Haut., 13 cent.

134 — PETIT PLATEAU rond à marli repoussé : fleurs et feuilles. Époque Louis XIII.

Diam., 17 cent.

135 — TASSE à vin à bord lobé en argent repoussé et doré, à groupes de fruits et coquilles. Elle est garnie de deux petites anses à cariatides. Allemagne, XVIIe siècle.

Larg., 16 cent.

136 — TASSE de forme hémisphérique, à bord lobé en argent repoussé à bossages et garnie de deux petites anses formées de cariatides. Allemagne, XVIIe siècle.

Larg., 18 cent.

137-138 — DEUX TASSES à vin de forme ovale, à contours et à deux petites anses en S, en argent repoussé, à fleurs et rinceaux. XVIIIe siècle.

Long., 13 et 12 cent.

139 — AUTRE TASSE à vin, à bord lobé en argent doré, décorée au

fond d'un groupe de fruits travaillés au repoussé. Allemagne, XVIIIe siècle.

Long., 125 millim.

140 — COUPE hémisphérique à piédouche en argent repoussé à fleurs, têtes de chérubins, rinceaux et oiseaux. XVIIe siècle.

Haut., 8 cent.; diam., 12 cent.

141 — COUPE ronde en argent repoussé, de forme hémisphérique et décorée d'entrelacs, de fleurs et de feuilles en relief. Elle est garnie d'une anse mobile gravée.

Haut., 5 cent.; diam., 14 cent.

142 — GOBELET à couvercle en argent repoussé doré en partie, décoré de godrons en spirale et de rinceaux. Allemagne, XVIIe siècle.

Haut., 19 cent.

143 — DEUX SALIÈRES rondes en argent repoussé et doré, à décor de fruits au marli. Elles sont montées sur trois pieds à cariatides chimériques et rinceaux découpés à jour, reliés par une bande d'ornements gothiques. Allemagne, XVIIe siècle.

Diam., 8 cent.

144 — MÉDAILLON rond en argent niellé, représentant un buste de femme la tête légèrement penchée à gauche. Italie, XVIe siècle.

Diam., 31 millim.

145 — PLAQUE oblongue en cuivre ciselé et doré, composée de deux figures de génies ailés à califourchon sur des cornes d'abondance, de palmettes, d'oiseaux et d'ornements variés. Elle offre à son centre un nielle sur argent de forme rectangulaire, représentant un amour à demi couché. Italie, XVIe siècle.

Haut., 47 millim.; larg., 120 millim.

146 — AGRAFE en bronze ciselé, découpé à jour et doré, décorée de palmettes et de rinceaux en relief. Elle offre à son centre un nielle sur argent de forme ronde représentant une sainte femme vue à mi-corps. Italie, XVIe siècle.

Haut., 108 millim.; larg., 115 millim.

147 — PETITE PLAQUE ovale en largeur en argent repoussé, représentant Neptune couché sur un dauphin. XVIe siècle.

Haut., 38 millim.; larg., 58 millim.

148 — PETITE BOITE oblongue en argent ouvrant à charnière. Le dessus est orné d'une plaque d'or décorée d'ornements en relief. XVIIe siècle.

Larg., 45 millim.

149 — PETITE BOITE ronde en argent doré. Le dessus ciselé présente, dans un cartouche orné d'un mascaron, une figure d'homme endormi ainsi qu'un amour qui s'appuie sur une tête de mort. XVIe siècle.

Diam., 47 millim.

BRONZES D'ART

150 — CHARMANTE PETITE STATUETTE de bronze antique à patine verte : Silène vêtu d'une peau de lion, s'échappant d'une gaine incomplète.

Haut., 6 cent.

151 — FIGURINE d'acteur, tenant une coupe de la main gauche. Bronze antique, patine verte. Sur socle en marbre jaune antique.

Hauteur de la figurine, 5 cent.
Hauteur du socle, 3 cent.

152 — STATUETTE d'acteur debout vêtu d'un curieux costume et coiffé d'un capuchon retombant en pointe sur la poitrine et

sur le dos. Bronze italien du XVIe siècle, patine verdâtre et de style antique.

Hauteur sans le socle en marbre, 17 cent.

153 — STATUETTE de Diane chasseresse debout, accompagnée d'un chien. La déesse dirige la main droite vers un carquois qu'elle porte sur le dos. Bronze italien du XVIe siècle, patine brun verdâtre.

Hauteur sans le socle en granit rose, 20 cent.

154 — STATUETTE d'homme nu, assis sur un tronc d'arbre et portant sur son épaule gauche une coquille pouvant servir d'encrier. Bronze florentin du XVe siècle, patine brun foncé.

Hauteur sans le socle en serpentin, 17 cent.

155 — STATUETTE d'un suivant de Bacchus nu et debout, tenant de son bras gauche et suspendue à son cou une peau de bouc formant récipient. Le bras droit levé au-dessus de la tête est incomplet. Bronze italien du XVIe siècle. Patine brune. Socle en marbre vert antique avec tore de laurier en bronze doré.

Hauteur sans le socle, 175 millim.

156 — DEUX STATUETTES : Enfant nu debout portant un chien et Amour jouant de la double flûte. Bronzes italiens, patine brune. XVIe siècle.

Haut. 20 cent.

157 — LAMPE en bronze, de travail italien et du XVe siècle, offrant au pourtour des jeux de tritons et de naïades, et sur le dessus un bas-relief représentant une offrande à Priape, et qui porte les lettres L. C. I. La poignée est formée d'une coquille placée entre deux dauphins.

Haut., 21 millim.; larg., 155 millim.

158 — SONNETTE en bronze, décorée au pourtour de dragons héraldiques soutenant des écussons armoriés, de palmettes,

de rosaces, de guirlandes et de têtes de chérubins. Italie, xve siècle.

Haut., 15 cent.

159 — Écritoire formée d'une boite octogonale à couvercle, décorée de vases, de rinceaux et d'ornements variés et offrant à chacun de ses angles une cariatide reposant sur un mascaron formant pied. Bronze italien du xvie siècle.

Haut., 11 cent.; diam., 20 cent.

160 — Écritoire triangulaire, décorée sur chacune de ses faces d'un bas-relief représentant un mascaron et des rinceaux. Le couvercle est surmonté d'un vase orné de trois mascarons reliés par des guirlandes et peut servir de flambeau. Bronze italien du xvie siècle.

Haut., 10 cent.; diam., 16 cent.

161 — Écritoire formée par trois cariatides d'hommes ailés, reliés par des mascarons. Le couvercle est surmonté d'une figurine d'Hercule bibace. Bronze italien du xvie siècle.

Haut., 14 cent.; diam., 10 cent.

162 — Écritoire circulaire, décorée au pourtour de têtes de satyres et de têtes de béliers reliées par des guirlandes de laurier et reposant sur trois lions assis. Le couvercle est surmonté d'un oiseau. Bronze italien du xvie siècle.

Haut., 15 cent.; diam., 15 cent.

163 — Écritoire en forme de boite rectangulaire dont les deux faces principales présentent en bas-relief un mascaron entouré par deux cornes d'abondance tenues par des centaures sur lesquels des nymphes sont assises. Les faces latérales sont décorées chacune d'une tête de Méduse en bas-relief. Bronze italien du xvie siècle.

Long., 21 cent.; larg., 11 cent.

164 — ÉCRITOIRE triangulaire, supportée par trois figurines d'amours accroupis reliés par des mufles de lions ailés. Le couvercle, orné d'écussons et de mascarons, est surmonté d'une figurine d'amour s'appuyant de la main gauche sur un écusson fleurdelisé. Bronze italien du XVIe siècle, patine brune.

Haut., 18 cent.

165 — TROIS FIGURINES en cuivre conservant des traces de dorure : Guerriers debout et allégorie de la Force.

Haut., 63 et 60 millim.

166 — DRAGON ailé, accroupi, la gueule ouverte. XVIIe siècle.

Long., 15 cent.

167 — STATUETTE incomplète d'Antinoüs, d'après l'antique. Bronze italien du XVIe siècle.

Haut., 15 cent.

168 — POIGNÉE incomplète de vase, en bronze, composée d'une cariatide de dragon chimérique et d'une tête analogue, mais sans corps. XVIe siècle.

Larg., 82 millim.

169 — LIONNE couchée, par Barye ; épreuve en galvanoplastie.

Long., 20 cent.

PLAQUETTES — MÉDAILLES

170 — PLAQUETTE rectangulaire en bronze doré : Triomphe d'un héros. Par *Andrea Briosco, dit il Riccio*. XVIe siècle.

Haut., 76 millim ; larg., 101 millim.

171 — PLAQUETTE rectangulaire en bronze : Jeux d'amours. L'un d'eux, à demi renversé, est effrayé par un de ses camarades

qui se cache derrière un masque barbu. École de *Donatello*. Italie, XVIe siècle.

Haut., 48 millim.; larg., 88 millim.

172 — BAISER DE PAIX en bronze contourné et doré : la Vierge et l'Enfant Jésus entre saint Jérôme et saint Antoine et surmontés de la scène de la Résurrection ; par *Moderno*. Au revers on lit : S. G. (San Girolamo). S. A. (San Antonio) HOC OPUS MO...

Haut., 110 millim.; larg., 63 millim.

173 — PLAQUETTE en bronze doré : le Christ mort mis au sépulcre, soutenu par saint Jean et Madeleine. Par *Moderno*. Italie, XVIe siècle.

Haut., 97 millim.; larg., 70 millim.

174 — PLAQUETTE rectangulaire en hauteur, par *Moderno*, signée O. MODERNI : Hercule vainqueur d'Antée. XVIe siècle.

Haut., 68 millim.; larg., 55 millim.

175 — PLAQUETTE ronde : Guerrier au galop passant au-dessus d'hommes et de chevaux renversés. Par *Moderno*. XVIe siècle.

Diam., 50 millim.

176 — PLAQUETTE rectangulaire en hauteur : David vainqueur de Goliath. Par *Moderno*. XVIe siècle.

Haut., 69 millim.; larg., 54 millim.

177 — PLAQUETTE rectangulaire, par *Moderno*, signée O. MODERNI : Hercule combattant Géryon. XVIe siècle.

Haut., 69 cent.; larg., 54 cent.

178 — PLAQUETTE rectangulaire en hauteur, en bronze ; elle représente le sujet de la Résurrection. Le sarcophage porte les lettres M. F. gravées en creux. Par *Moderno*. XVIe siècle.

Haut., 103 millim.; larg., 66 millim.

179 — PLAQUETTE rectangulaire en bronze doré : la Vierge et l'Enfant Jésus entourés d'anges. École de Padoue, fin du xve siècle.

Haut., 85 millim.; larg., 64 millim.

180 — PLAQUETTE rectangulaire en bronze doré, représentant le sujet de la Flagellation. École de Padoue, xvie siècle.

Haut., 60 millim.; larg., 42 millim.

181 — BAISER DE PAIX en cuivre doré, représentant la Vierge vue à mi-corps portant l'Enfant Jésus de ses deux bras. Ce groupe est placé sous un monument à pilastres surmonté d'un fronton. Dans le bas, frise de palmettes et armoiries. École de Padoue. Fin du xve siècle.

Haut., 175 millim ; larg., 110 millim.

182 — PLAQUETTE rectangulaire en bronze : la Vierge vue à mi-corps et vêtue de long porte l'Enfant Jésus nu, de ses deux bras. École de Padoue.

Haut., 81 millim ; larg., 55 millim.

183 — PLAQUETTE en bronze, cintrée à sa partie supérieure : la Vierge vue à mi-corps, vêtue de long et nimbée, tient l'Enfant Jésus de ses deux bras. Italie du Nord, xvie siècle.

Haut., 88 millim.; larg., 78 millim.

184 — PLAQUETTE rectangulaire en hauteur : Pieta. Le Christ entre saint Jean et Madeleine. A droite et à gauche, deux candélabres. Au-dessous du sujet, frise représentant diverses scènes de sacrifice.

Haut., 77 millim.; larg., 57 millim.

185 — PLAQUETTE ronde : Jason debout, s'appuyant de la main droite sur son arc et du bras gauche sur un tronc d'arbre

auquel un carquois est suspendu ; à ses pieds, le dragon est couché. Par *Fra Antonio da Brescia*. Fin du XVe siècle.

Diam., 66 millim.

186 — PLAQUETTE ronde en bronze doré : Légende du roi de Murcie, composition de quatre figures. XVe siècle. Allemagne.

Diam., 54 millim.

187 — PLAQUETTE ronde en bronze doré, représentant le Jugement de Pâris, par *Giovanni delle Corniole*. Italie, XVIe siècle.

Diam., 54 millim.

188 — PLAQUETTE ronde en bronze doré, par *Giovanni delle Corniole*, signée IO. F. F. : le Jugement de Pâris. Italie, XVIe siècle.

Diam., 53 millim.

189 — PLAQUETTE en bronze doré en forme d'écu : Mucius Scævola devant Porsenna. Par *Giovanni delle Corniole*.

Haut., 59 millim.; larg., 57 millim.

190 — PLAQUETTE ronde en bronze doré : Ariane dans l'île de Naxos, par *Giovanni delle Corniole*, signée IO. F. F.

Diam., 55 millim.

191 — PLAQUETTE ronde légèrement convexe, par *Giovanni delle Corniole* : Bas-relief de style antique, homme nu présentant une palme à une femme assise sur un dragon. Italie, XVIe siècle.

Diam., 54 millim.

192 — PLAQUETTE ovale en hauteur : Centaure passant à droite et portant un vase et un thyrse. Imitation de l'antique. Italie, XVe siècle.

Haut., 47 millim.; larg., 40 millim.

193 — PLAQUETTE ronde en bronze conservant des traces de dorure : à droite, Vulcain forgeant les armes d'Énée ; au centre, Victoire ailée tenant un bouclier devant elle ; à gauche, personnage nu portant un trophée ; au premier plan, deux chevaux s'abreuvant. École de Padoue, fin du XVIe siècle.

Diam., 71 millim.

194 — MÉDAILLON ovale entouré de fruits et de feuillages, en bronze doré : Marsyas et Apollon. Italie, XVIe siècle. Imitation de l'antique.

Haut., 44 millim.; larg., 37 millim.

195 — MÉDAILLON ovale légèrement concave, en bronze doré : Tête de satyre de profil à droite. Imitation de l'antique. Italie, fin du XVe siècle.

Haut., 44 millim.; larg. 34 millim.

196 — MÉDAILLON ovale en hauteur, en bronze, représentant un buste de Diane, de profil à gauche. Imitation de l'antique. Italie, fin du XVe siècle.

Haut., 48 millim.; larg. 33 millim.

197 — PLAQUETTE ronde en bronze doré : Buste de femme, la tête tournée vers la gauche. Dans un cartouche orné de fleurs. Italie, XVIe siècle.

Diam., 37 millim.

198 — MOITIÉ D'UN POMMEAU en bronze : Deux centaures soutenant un buste et au-dessous trois figurines sous des arceaux.

Haut., 37 millim.; larg., 36 millim.

199 — PLAQUETTE ronde en bronze doré : Amour debout tenant une buire et posant le pied sur le dos d'un satyre couché. — Italie, XVIe siècle.

Diam., 50 millim.

200 — PLAQUETTE ronde encadrée de lauriers : Sainte femme debout portant un vase.

Diam., 45 millim.

201 — PLAQUETTE ronde conservant des traces de dorure : Saint personnage debout.

Diam., 38 millim.

202 — MÉDAILLON rond en étain doré, représentant en bas-relief le sujet de Loth et ses filles. XVIe siècle.

Diam., 128 millim.

203 — DEUX BAS-RELIEFS octogones en bronze, représentant des scènes mythologiques : Mars et Vénus pris dans les filets de Vulcain, et autres. Italie, XVIe siècle.

Diam., 128 millim.

204 — MÉDAILLON rond en étain, représentant en bas-relief le Jugement de Pâris. XVIe siècle.

Diam., 150 millim.

205 — MÉDAILLON rond en étain : les Forges de Vulcain. XVIe siècle.

Diam., 171 millim.

206 — MÉDAILLE en plomb de Maximilien II, assis sur son trône, chargé d'armoiries.

Diam., 136 millim.

207 — DEUX MÉDAILLONS en étain : Amphitrite et Mercure. XVIe siècle.

Diam., 111 millim.

208 — MÉDAILLON rond en étain : Vénus, Adonis et l'Amour dans un paysage.

Diam., 165 millim.

209 — PLAQUETTE ovale en bronze : Vénus et l'Amour. XVIᵉ siècle.

Haut., 97 millim.; larg., 78 millim.

210 — PLAQUETTE ovale en bronze. Elle représente la tête de saint Jean en haut-relief sur une draperie. Italie, XVIᵉ siècle.

Haut., 110 millim.; larg., 81 millim.

211 — MÉDAILLON de même forme en cuivre repoussé et doré, représentant un buste de femme, la tête de profil à droite et le sein découvert.

Haut., 54 millim.; diam., 35 cent.

212 — MÉDAILLE en bronze : buste de profil à gauche de Savonarole : HIERONIMVS · SAVO · FER · VIR · DOCTISS ET · ORDINIS · PREDICHATOR. ℟. Main armée d'un poignard menaçant la ville de Florence. GLADIVS DOMINI SUPR · TERAM · CITO ET VELOCITER. Ferrare, XVᵉ siècle.

Diam., 60 millim.

213 — MÉDAILLE en bronze doré, par *Domenico Poggini* : Buste de profil à droite de Cosme Iᵉʳ de Médicis : COSMVS · MED · FLOREN · ET · SENAR · DVX II. 1561. ℟. Figure d'Abondance debout entre un lion et une louve : HETRVRIA PACATA.

Diam., 40 millim.

214 — MÉDAILLE en bronze par *Domenico Poggini* : Buste de profil à droite de Cosme Iᵉʳ de Médicis : COSMVS · MED · R · P · FIOREN · DVX · II. ℟. Vue d'un port de mer et figure de Neptune : THVSCORVM ET LIGVRVM · SECVRITATI. — ILVA RENASCENS.

Diam., 42 millim.

215 — MÉDAILLE en plomb attribuée à *Domenico di Polo*, XVIᵉ siècle : Buste de profil à droite de Cosme Iᵉʳ de Médicis.

Cosmvs · Medices · Reip · Flore. Dvx II. ℟. Hercule étouffant Antée : Herculee · Virtvtis · vltimvs · Conatvs.

Diam., 39 millim.

216 — Médaille en bronze par *Matteo de Pasti*, xve siècle : Tête de Sigismond Pandolfe Malatesta, seigneur de Rimini, de profil à gauche. Sigismondvs · Pandvlfvs · De ·M alatestis · S · Ro · Eclesie · Capitanevs · G. ℟. Le château de Rimini : Castellvm · Sismondvm · Ariminense · m.cccc.xlvi.

Diam., 82 millim.

217 — Médaille en bronze par *Matteo de Pasti*, xve siècle : Buste de profil à gauche de Sigismond Pandolfe Malatesta, seigneur de Rimini : Sigismondvs · P · D · Malatestis · S · R · Ecl · C. Generalis. ℟. Armoiries avec les initiales de Sigismond et d'Isotte surmontées d'un cimier à tête d'éléphant. m.cccc.xlvi.

Diam., 42 millim.

218 — Médaille en bronze par *Matteo de Pasti* : Buste d'Isotte Atti de Rimini, femme de Sigismond Pandolfe, de profil à droite, la tête couverte d'un voile posé à la partie haute de la chevelure. Isote · Ariminensi · Forma · et · Virtvte. Italie. Decori. ℟. Éléphant passant à droite. Opvs · Mathei · De · Pastis · V · m.cccc.xlvi. Italie, xve siècle.

Diam., 84 millim.

219 — Médaille en bronze par *Matteo de Pasti*, xve siècle : Buste de profil à droite d'Isotte Atti de Rimini, femme de Sigismond Pandolfe Malatesta. D. Isottae. Ariminensi. ℟. Simulacre d'un volume : Elegiae. Deux ex.

Diam., 59 millim.

220 — Médaille en bronze par *Gian Francesco Ruberto*, xve siècle : Buste de profil à gauche de Gian Francesco II Gonzagua, marquis de Mantoue : Franciscvs · Marchio ·

Mantvae · IIII. ℟. Cavaliers combattant : Faveat · For · Votis. Epo. — Io · Fr · Rvberto · opvs.

Diam., 51 millim.

221 — Médaille en plomb, par *Sperandio*, xvᵉ siècle : Tête de Jean II Bentivoglio, gouverneur de Bologne, de profil à gauche. Ioanes Betivolvs Bonon · Libertatis · Princeps. ℟. Armoiries des Bentivoglio soutenues par deux génies ailés : Opvs Sperandei.

Diam., 111 millim.

222 — Médaillon en bronze : Tête de Pisanello (Vittore Pisano, dit), de profil à gauche : Pisanvs Pictor. Attribuée à *Pisanello*, Italie, xvᵉ siècle.

Diam., 61 millim.

223 — Médaille en bronze : Tête d'Andrea Caraffa, comte de Sanseverino, casqué de profil à droite. Andreas Carrafa Sante Severine Comes. ℟. Écusson d'armoiries entre une balance romaine et un autre ustensile : Conteret · Contraria · Virtvs. Royaume de Naples, xviᵉ siècle.

Diam., 69 millim.

224 — Médaillon en bronze : Tête de Livia Colonna, femme de Marzio Colonna, de profil à gauche : Livia Colvmna. Sans revers. Rome, xviᵉ siècle.

Diam., 36 millim.

225 — Médaille en bronze doré : Tête de Giovanni Lodovico Toscani, jurisconsulte milanais, de profil à gauche. Ioannes · Aloisivs · Tvsca : Avditor · Cm. ℟. Le Triomphe de Neptune : Victa · iam · nvrsia. Fatis · agitvr. Milan, xvᵉ siècle.

Diam., 41 millim.

226 — Médaille en bronze doré. Buste de Charles-Quint, de profil à droite. ℟ L'aigle à deux têtes et les colonnes d'Hercule.

Diam., 40 millim.

227 — Médaille en argent de Charles-Quint : Buste de profil à droite. Carolvs V · Dei · Gratia · Roman · Imperator · Semper · Avgvstvs · Rex · His · Anno · Sal · m.d.xxxvii · Aetatis · Svae · xxxvii. ℟. Ses armoiries et sa devise : Plus ovltre.

Diam., 65 millim.

228 — Médaillon en bronze : Buste, de profil à droite, de Marguerite d'Autriche, femme d'Ottavio Farnèse, fille naturelle de Charles-Quint. Margareta de avstria · D · P · et · P · Germaniae · Inferioris · Gvb · Aet · 45. Parme, xvie siècle. Sans revers.

Diam., 59 millim.

229 — Médaille en bronze : Buste, de profil à droite, de Maximilien II d'Autriche. Maximilianvs · Fr · Caes · F · Dvx · Avstr · Bvrgvnd. ℟. Buste, de profil à droite, de Marie d'Autriche, sa femme : Maria · Karoli · F · Dvx · Bvrgvndiae · Avstriae · Brab · C · Flan. Dans le champ, deux M enlacés surmontés d'une couronne. Deux exemplaires.

Diam., 49 millim.

230 — Médaille d'or, par *Francesco Raibolini* dit *il Francia* : Tête de profil à droite, de Giovanni II Bentivoglio : Ioannes Bentivolus II Bononiensis. ℟. Armoiries des Bentivoglio : Maximiliani · impera · mvnvs.

Diam., 27 millim.

231 — Médaillon rond en bronze, par *Jacopo da Trezzo*, xvie siècle : Buste, de profil à gauche, de Marie Tudor, deuxième femme de Philippe II d'Espagne, reine d'Angleterre. Maria I · Reg · Angl · Franc · et Hib · Fidei · Defensatrix. Signé : Iactrez. Sans revers.

Diam., 66 millim.

232 — Médaille en bronze : Buste, de profil à gauche, de Pietro Bacci, dit l'Aretin. Divvs · Petrvs · Aretinvs. ℟. La Vérité

couronnée par un génie : VERITAS · ODIVM. PARIT · Arezzo, XVIe siècle.

Diam., 62 millim.

233 — MÉDAILLE d'argent : Tête d'homme de profil à droite. LVDOVICVS · PATRVVS · GVBNANS. ℞. Tête d'homme de profil à droite : IOGZ · M · SF · VICECO · DVX · MLI · SX.

Diam., 28 millim.

234 — MÉDAILLE en métal de cloche : Buste de profil à droite. JOANNES FICHARDVS · V · I · D · ZC · AETATIS · SVAE · XXXVI · A° M.DXLVII.

Diam., 48 millim.

235 — MÉDAILLON en bronze : Portrait d'Érasme de profil à gauche. ΤΗΝ ΚΡΕΙΤΤΩ ΤΑ ΣΥΓΓΡΑΜΜΑΤΑ ΔΕΙ Ξ ΕΙ : IMAGO AD VIVA EFFIGIE EXPRESSA · ER · ROT. 1519.

Diam., 96 millim.

236 — MÉDAILLON en métal de cloche : Tête de femme de profil à gauche. ELISABET FICHARDIN · GE · GRVNBERGERIN · AE · 29 · A° 1547.

Diam., 48 millim.

237 — MÉDAILLON en bronze : Tête d'homme de profil à droite. Inscription illisible. ℞. En partie effacé.

Diam., 44 millim.

238 — MÉDAILLON en bronze doré : Guerrier assis sur un char trainé par deux chevaux ailés. DO · HEC · FIDES · QVAM · FECIT.

Diam., 42 millim.

239 — MÉDAILLON en plomb : Buste d'homme de profil à droite. MICHAEL VON · S · ANNA · AETA · SVAE · XXXIX.

Diam., 43 millim.

240 — Médaille ovale en bronze : Buste de Henri IV casqué. Henricvs IIII · Franc. et Navar. Rex Christianiss. 1601. ℟. Guerrier nu coiffé d'un casque et armé d'un glaive, terrassant un centaure tenant une couronne. Martis Cedvnt Haec Signa · Planetae. France.

Haut., 96 millim.; larg., 78 millim.

241 — Partie de médaille en plomb : Buste d'homme et de femme accolés et sans fond. xviᵉ siècle.

Haut., 35 millim.

242 — Médaillon ovale : Buste de profil à gauche, la tête couverte d'une riche coiffure. Helena Regina in Grece Ante · xps Mv.

Haut., 70 millim.; larg., 50 millim.

243 — Médaillon ovale, pendant du précédent : Buste de guerrier de profil à droite : Parisivs · Fili · Priam · Rex · Trecencen · Magnvm.

Haut., 68 millim.; larg., 50 millim.

244 — Deux pièces en or du Moyen Age.

245 à 248 — Huit pièces antiques en argent.

OBJETS EN ÉTAIN

249 — Grand plat rond en étain, par *François Briot*. Il est décoré au marli de figures allégoriques représentant des Empereurs romains et les quatre parties du monde. L'ombilic représente le dieu Mars assis, entouré d'une frise bombée décorée des figures allégoriques de la Paix, de la Guerre, etc. Cette frise est elle-même encadrée d'une autre frise composée de grotesques et d'ornements variés.

Diam., 49 cent.

250 — Plat analogue à celui qui précède, mais plus petit. L'ombilic de celui-ci représente une figure allégorique de la Tempérance et il est placé au centre d'une frise décorée des figures allégoriques des Quatre Éléments, séparées par des termes et des ornements. Le marli offre des médaillons renfermant des figures représentant les Sciences, séparés par des mascarons et des ornements. Ce plat porte au revers la médaille de l'artiste : *François Briot*.

Diam., 45 cent.

251 — Buire de forme antique, pouvant accompagner le plat qui précède et présentant dans toutes ses parties un décor analogue à celui dudit plat. Cette pièce porte les initiales de F. Briot.

Haut., 29 cent.

252 — Plat rond en étain dont le marli présente en bas-relief des cariatides humaines, des grotesques, des mascarons, des mufles de lions et des ornements variés. L'ombilic représente le sujet d'Actéon changé en cerf et il est placé au centre d'une double frise, la première légèrement bombée, décorée de godrons et de mascarons, la deuxième plate, couverte d'entrelacs élégants ayant très peu de saillie. Modèle rare. XVIe siècle.

Diam., 45 cent.

253 — Buire à panse piriforme et à bossages sur piédouche. L'anse est ornée d'une cariatide et le goulot se termine par une tête de dragon. XVIe siècle.

Haut., 24 cent.

OBJETS VARIÉS

254 — Très petite figurine d'ange debout, les ailes surélevées, en argent doré, du XIVe siècle. Elle tient de ses deux mains un écusson d'armoiries émaillé noir en partie.

Hauteur sans le pied en jaspe vert, 42 millim.

255 — Autre petite figurine d'ange debout, les mains jointes, celle-ci en bronze doré et du xve siècle.

Hauteur sans le socle en jaspe vert, 50 millim.

256 — Vase formé d'une noix de coco offrant en bas-relief les figures de la Fortune, de Vénus et de Lucrèce. Il est garni de trois anses à cariatides de dragons et repose sur un pied à balustre en cuivre doré. Allemagne, xvie siècle.

Haut., 20 cent.

257 — Vase formé d'une noix de coco unie, garni d'une monture à cariatides en cuivre ciselé et doré portant une inscription qui peut se traduire ainsi : *Le vin indispose, l'eau fait mourir; il vaut donc mieux boire du vin et être malade plutôt que boire de l'eau et mourir.* Travail allemand, xvie siècle.

Haut., 22 cent.

258 — Trois couteaux à manches en fer ciselé et doré, l'un d'eux terminé par une tête chimérique. Ils sont garnis de plaquettes de nacre. France, xvie siècle.

259 à 261 — Deux grattoirs et un poinçon à manche en bronze ciselé et doré. xvie siècle.

262 — Trois grattoirs du xvie siècle, à manches plaqués d'argent et gravés; l'un se termine par une figurine d'amour, les deux autres par des lions héraldiques.

Long., 10 cent.

263 — Deux pièces : grattoir à manche de fer gravé et doré terminé par un petit balustre xvie siècle, et ciseau en fer plaqué d'or du xviiie siècle.

Long., 10 et 9 cent.

264 — Deux pièces : étui en argent et poinçon à fleurs en relief.

Long., 70 et 75 millim.

265 — Plusieurs pièces : étui, poinçon, agrafe et manche de cuillère, fer et bronze.

266 — Cuillère en bois, à manche formé d'une figurine de saint personnage debout. xve siècle.

Long., 13 cent.

267 — Deux manches de couteaux en bois sculpté, composés chacun de deux figures mythologiques, debout sous des branches ornées. xviie siècle.

Haut., 77 millim.

268 — Gaine à deux places en cuir gravé et gaufré en relief à rinceaux feuillagés. Italie, xve siècle.

Long., 20 cent.

269 — Boite oblongue en cuir gravé, portant trois armoiries et décorée au pourtour d'animaux courant, d'un aigle héraldique et de rinceaux fleuris. Italie, xve siècle.

Long., 14 cent.; larg., 7 cent.

270 — Gaine de couteau en cuir noir, décorée d'ornements et de figurines de guerriers dorés au fer. xvie siècle. Elle est garnie de son attache avec glands en passementerie d'argent.

Long., 30 cent.

271 — Pulvérin forme bursaire en cuir gaufré à côtes et ornements, garni en fer. Italie, fin du xve siècle.

272 — Pulvérin analogue à celui qui précède.

273 — Cartouchière en fer repoussé à figures de cavaliers, mascarons et ornements. Allemagne, xvie siècle.

274 — Petite dague à lame quadrangulaire et à poignée en fer ciselé à feuilles. xvie siècle.

275 — Amorçoir de forme lenticulaire à ouverture centrale, en bois enrichi d'incrustations en os et en cuivre à rosaces. xvie siècle.

276 — Dague main gauche à garde bordée de rinceaux ciselés et découpés à jour et quillons droits à torsades.

277 — Boîtier de montre du xvie siècle, en cuivre ciselé, découpé à jour et doré. Le pourtour est décoré de rinceaux dans lesquels se trouvent des animaux. Le fond à décor rayonnant est couvert de cariatides, de rinceaux et d'animaux à têtes chimériques. Le dessus, à décor de même style, présente douze ouvertures permettant de voir les heures gravées sur le cadran.

Diam., 59 millim.

278 — Boîtier d'horloge cylindrique à cadran horizontal, en cuivre doré, décoré au pourtour d'entrelacs et d'arabesques, finement gravés. xvie siècle.

Haut., 50 millim.; diam., 73 millim.

279 — Boite ovale ouvrant à charnières, en ivoire sculpté à rinceaux fleuris, animaux et ornements. xviie siècle.

Long., 75 millim.; larg., 60 millim.

280 — Presse-papiers formé d'une plaque rectangulaire en cuivre doré et émaillé de bleu taché de blanc sur laquelle est couché un lion en bronze doré. Ce dernier tient à l'aide de sa patte droite un écusson armorié gravé. Travail vénitien du xvie siècle.

Haut., 4 cent.; larg., 11 cent.

281 — Boite ovale en cuivre doré, décorée sur ses deux faces, légèrement bombées, d'entrelacs gravés. xvie siècle.

Long., 65 millim.; larg., 55 millim.

282 — MINIATURE ovale sur cuivre : Portrait de femme, vêtue de noir et d'une collerette blanche relevée. Elle est coiffée de rubans rouges et de fleurettes blanches. XVIe siècle.

Hauteur sans le cadre en bois, 62 millim.; larg., 43 millim.

283 — AUTRE MINIATURE ovale sur cuivre. Portrait de femme, vêtue de noir avec collerette et coiffure blanche relevées. XVIe siècle.

Haut., 62 millim.; larg., 43 millim.

284 — MINIATURE italienne sur parchemin en couleurs avec rehauts d'or; figure à mi-corps de saint Michel, inscrite dans la lettre B. XVe siècle. Cadre en bois sculpté à tore de feuilles et de fruits.

Haut., 43 cent.; larg., 35 cent.

285 — PETITE COUPE à quatre lobes et à piédouche en écaille, munie de deux anses à rinceaux et dragons en argent. XVIIe siècle.

Haut., 8 cent.; long., 12 cent.

286 — COFFRET italien en ébène incrusté d'ivoire sur toutes ses faces. XVIIe siècle.

Long., 19 cent.; larg., 13.

287 — BOITE plate carrée à couvercle vénitien en marqueterie d'ivoire.

16 sur 16.

288 — GRANDE BUIRE italienne et du XVIe siècle en cuivre repoussé, à panse ovoïde couverte de rinceaux, de mascarons, d'oiseaux fantastiques et d'ornements variés en relief. Elle est garnie d'une anse et d'un goulot à bec et est surmontée d'un couvercle bombé.

Haut., 52 cent.

289 — Plat rond en cuivre repoussé à écusson médian armorié et à bandes d'ornements concentriques; la chute est godronnée, xviie siècle.

Diam., 43 cent.

290 — Deux vases ovoïdes et à côtes en verre vert de Venise, garnis de montures à anses en cuivre doré. xvie siècle.

Haut., 30 cent.

291 — Jardinière ovale en cuivre repoussé à godrons et anses mufles de lions.

Long., 45 cent.

292 — Deux chandeliers Louis XIII à tiges à nœuds et grande bobèche en cuivre poli.

Haut., 35 cent.

293 — Petit lustre flamand en cuivre poli à six branches porte-lumières. xviie siècle.

Haut., 52 cent.

294 — Écran en damas de soie ponceau décoré d'ornements et d'armoiries brodés en soie d'argent et garni d'une dentelle d'argent. Il est suspendu à une tige en fer reposant sur trois pieds à volutes et surmontée d'un groupe en bronze doré composé de trois lions héraldiques tenant chacun un écusson. Italie, xvie siècle.

Hauteur totale, 1 m. 68 cent.

MATIÈRES DURES

295 — Porphyre rouge oriental. Coupe ronde à pourtour godronné et à gorge, avec piédouche et couvercle.

Haut., 38 cent.; diam., 40 cent.

296 — Granit rose oriental. Fût de colonne uni, avec double tore et embase en marbre blanc.

Hauteur totale, 1 m. 26 cent.; diam., 36 cent.

297 — Petit lustre en cristal de roche à huit lumières, garni de pièces d'enfilage, de pendeloques et terminé à sa partie inférieure par une poire taillée à pans.

Haut., 70 cent.

298 — Petit lustre en cristal de roche à six lumières, composé de grains d'enfilage, de pendeloques à facettes, de rosaces et terminé à sa partie inférieure par une boule.

Haut., 70 cent.

MEUBLES

299 — Beau meuble à deux corps et à fronton découpé, en bois de noyer sculpté et incrusté de marbre grand antique. Les quatre portes présentent chacune, dans un médaillon ovale, une des saisons figurée par une femme debout tenant les attributs qui lui sont propres. L'hiver est représenté par un vieillard vêtu de fourrure et se chauffant à un vase qu'il tient à la main. Les montants du corps inférieur sont décorés d'oiseaux, le tiroir d'entredeux d'un mascaron tête de bacchante et de guirlandes de feuillages, et la frise du corps supérieur de deux aigles tenant dans leur bec des guirlandes

de fruits. Les angles de cette partie du meuble sont ornés de colonnes engagées. Travail français du XVIe siècle.

Haut., 2 m. 10 cent.; larg., 1 m. 10 cent.

300 — Meuble analogue à celui qui précède et pouvant lui servir de pendant. Les portes de celui-ci présentent des figures de Muses debout : celles du corps supérieur sont surmontées de figures de génies tenant des rinceaux. Les colonnes garnissant les angles de la face du meuble sont décorées de mascarons et de groupes de fruits sculptés en bas-relief. Le tiroir offre à son centre une tête de chérubin. Ce meuble a conservé à l'intérieur sa garniture du temps en moire verte. Mêmes travail et époque.

Haut., 2 m. 18 cent.; larg., 1 m. 12 cent.

301 — Meuble-étagère à deux rangs en bois de chêne, composé de frises du XVIe siècle sculptées en bas-relief, représentant des cariatides se terminant en rinceaux, et de deux rangs de balustres à chapiteaux sculptés. La partie centrale du rang inférieur est surélevée et forme niche. Les angles de la frise du haut sont ornés de têtes humaines en haut-relief.

Hauteur totale, 2 m. 15 cent.; larg. 2 m. 15 cent.

302 — Crédence en bois de chêne supportée par des colonnes ioniques. Le corps supérieur présente deux séries de panneaux superposés dont trois formant portes sont décorés de têtes de lions sur des cartouches, et deux autres de feuillages et d'un mascaron. Ces divers panneaux sont séparés par des pilastres et des balustres. École lyonnaise, XVIe siècle.

Haut., 1 m. 50 cent.; larg., 93 cent.

303 — Meuble-bahut en bois de noyer sculpté, fermant à trois portes séparées par des cariatides humaines. La porte centrale est décorée d'une figure allégorique de la Justice et les

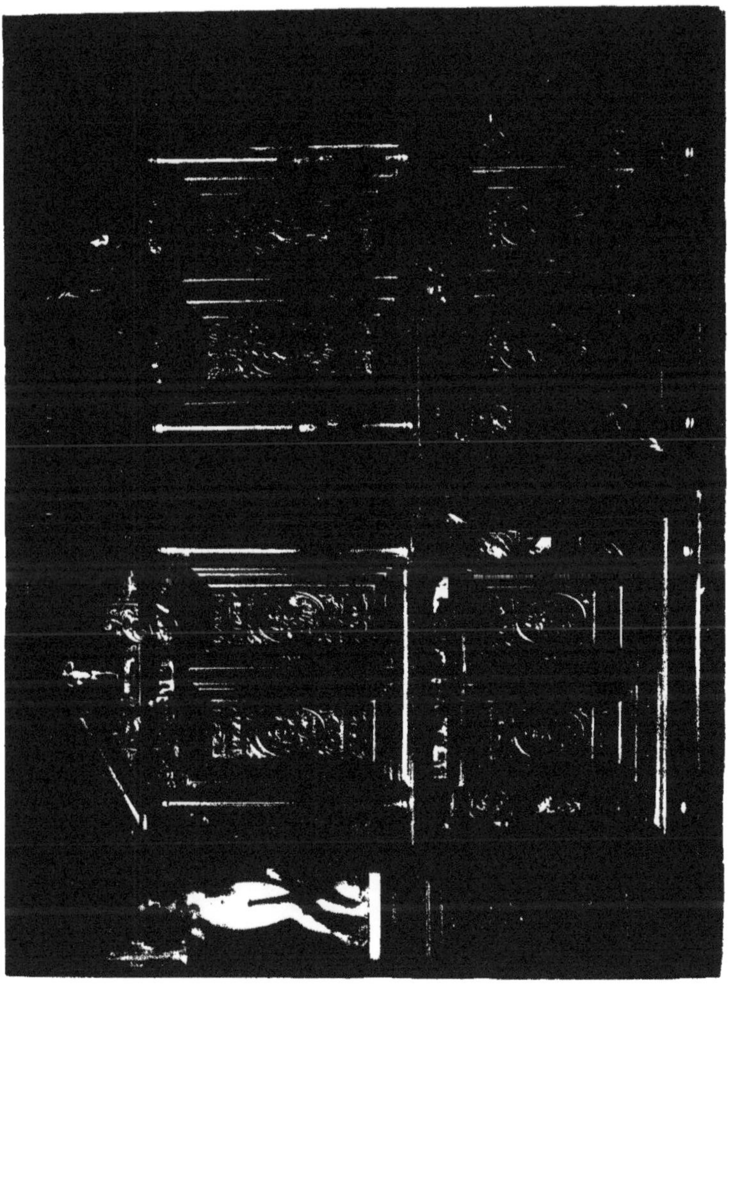

deux autres présentent des écussons d'armoiries. Les pieds, à volutes, sont reliés entre eux par des têtes d'éléphants, des rinceaux et un mascaron tête de femme. Ce meuble, qui date en grande partie de la Renaissance, est garni sur les côtés de deux fortes poignées en fer.

Haut, 1 m. 6 cent.; larg., 1 m. 72 cent.

304 — Coffre en noyer sculpté, décoré sur la face et les côtés de panneaux à médaillons bustes et de cariatides. Travail de la Renaissance.

Long., 1 m. 10 cent.; larg., 45 cent.

305 — Meuble à hauteur d'appui en bois de noyer, enrichi d'incrustations de marbre. Il ferme à deux portes, ses angles sont ornés de colonnes engagées et la frise supérieure est décorée d'aigles sculptés. XVIe siècle.

Haut., 1 mètre; larg., 1 mètre.

306 — Support hexagonal formant armoire en bois de chêne, décoré sur chacune de ses faces d'un panneau sculpté en bas-relief, représentant des rinceaux, des palmettes et des mascarons. Ces panneaux sont séparés par des pilastres cannelés formant les angles du meuble. France, XVIe siècle.

Haut., 1 m. 8 cent.; diam., 53 cent.

307 — Gaine formant armoire, en bois de chêne ; la porte est formée d'un panneau du XVIe siècle, offrant en bas-relief deux figures de déesses en deux médaillons superposés et séparés par une plaquette de marbre.

Haut. 1 m. 5 cent., larg., 40 cent.

308 — Table rectangulaire en bois de noyer, à quatre pieds à balustres reliés par un entrejambes à X. XVIe siècle.

Long., 97 cent.; larg., 63 cent.

309 — Petite table à dessus rectangulaire, portant sur une colonne ionique élevée sur quatre consoles feuillagées.

Long., 60 cent.; larg., 47 cent.

310 — Pupitre italien en bois d'ébène, décoré de gerbes et de festons en incrustations d'ivoire gravé. XVIIe siècle.

Long., 44 cent.

311 — Petite table en noyer, à pieds tournés, reliés par un croisillon en X.

Long., 52 cent.

312 — Petite table du XVIIe siècle, à pieds tournés en balustres et reliés par un croisillon en X. Dessus garni de velours.

Long., 60 cent.

313 — Vitrine plate, médaillier à quatre tiroirs, garnis intérieurement de velours rouge.

Long., 62 cent.; larg., 42 cent.

314 — Pendule à pilastres et à tablier du temps de Louis XIV, plaquée d'écaille rouge et garnie d'appliques et d'ornements fleurdelisés en bronze doré. Le cadran en cuivre ciselé est garni de cartouches émaillés.

Haut., 61 cent.; larg., 33 cent.

315 — Miroir métallique dans un cadre monumental à colonnettes cannelées, fronton et cul-de-lampe en bois sculpté rehaussé de dorure. Italie, XVIe siècle.

Haut., 60 cent.; larg., 48 cent.

316 — Miroir analogue à celui qui précède, avec glace gravée au pourtour et cadre plus riche. Celui-ci est surmonté par un mascaron fantastique ailé. Mêmes travail et époque.

Haut., 93 cent.; larg., 60 cent.

317 — Deux miroirs ovales à biseau placés dans des cadres en bois de noyer sculpté, composés chacun d'un cartouche flanqué de cariatides ailées et surmonté d'une tête de chérubin. Italie, xvie siècle.

Haut., 40 cent.; larg., 28 cent.

318 — Miroir ovale placé dans un encadrement en bois sculpté, rehaussé de dorure; il est flanqué de deux figurines de génies debout et entouré de festons de fruits. Le soubassement oblong est décoré d'un cartouche, de deux figurines d'hommes à demi couchés et de guirlandes de fruits. xvie siècle.

Haut., 88 cent.; larg., 66 cent.

319 — Miroir carré à biseau, dans un cadre monumental à fronton découpé, en bois noir décoré d'ornements dorés, avec incrustations de nacre et de marbre et enrichi de deux colonnettes de marbre rosé. Italie, xvie siècle.

Haut., 50 cent; larg., 32 cent.

320 — Miroir bisauté dans un cadre en bois sculpté et doré dont les ornements se détachent sur un fond peint en rouge et surmonté de rinceaux découpés à jour. Italie, xviie siècle.

Hauteur totale, 67 cent.; larg., 65 cent.

321 — Miroir biseauté dans un cadre à large moulure plaqué d'ivoire et d'écaille et garni d'écoinçons en cuivre doré avec mascarons en argent repoussé. xvie siècle.

Haut., 61 cent.; larg., 48 cent.

322 — Miroir rectangulaire Louis XIII, à cadre de bois noir, orné de moulures guillochées.

Haut., 70 cent.; larg., 65 cent.

323 — Miroir carré avec encadrement de glace à moulures et écoinçons en bois sculpté et doré. Époque Louis XIV.

Haut., 98 cent.; larg., 83 cent.

324 — Miroir à glace biseautée et encadrement italien en bois sculpté et doré, composé de grosses feuilles.

Haut., 1 m. 10 cent.; larg., 80 cent.

325 — Cadre Renaissance en bois sculpté et rehaussé de dorure, à colonnettes cannelées supportant une corniche surmontée d'un fronton, formé de sphinx ailés et d'une tête de chérubin. Il est terminé à sa partie inférieure par un cul-de-lampe à écusson et rinceaux.

Haut., 70 cent.; larg., 40 cent.

326 — Cadre analogue à celui qui précède.

Haut., 70 cent.; larg., 41 cent.

327 — Cadre Renaissance à fronton triangulaire et soubassement portant un écu; il est niellé or sur fond noir.

Haut., 52 cent.; larg., 30 cent.

328 — Plusieurs cadres en bois sculpté.

SIÈGES

329 — Banc formant coffre, à dossier rectangulaire en bois sculpté à ornements et écusson et enrichi d'incrustations de bois de couleur à animaux fantastiques et rosaces. Les appui-bras se terminent par des têtes fantastiques. Italie. XVIe siècle.

Haut., 1 m. 15 cent.; long., 1 m. 80 cent.; larg., 58 cent.

330 — Banc de même forme, en marqueterie de bois à rinceaux, cariatides, animaux grotesques, génies assis, armoiries, etc.

Haut., 1 m. 15 cent.; larg., 2 mètres.

331 — Fauteuil à X, en bois de noyer clouté en cuivre, couvert de velours ponceau uni et de bandes de velours vert à parterre. xvie siècle.

332 — Fauteuil à X, en bois de noyer, clouté de cuivre. La traverse du dos et les bras sont couverts de velours vert à parterre, avec frange ponceau. Il est accompagné d'un coussin en soie verte, brodé en soie de couleur et or avec buste de saint personnage au centre. xvie siècle.

333 — Fauteuil analogue à celui qui précède.

334 — Fauteuil en bois de noyer sculpté avec pieds, traverse et appui-bras à torsades; ces derniers se terminent par des têtes de béliers. Il est couvert d'ancien velours de Gênes ponceau. xvie siècle.

335 — Fauteuil en bois sculpté à arabesques, de style oriental et enrichi au dossier de colonnettes torses en ivoire. Il est foncé en canne et garni d'un coussin en velours vert et ponceau.

336 — Fauteuil à dossier carré avec pieds, appui-bras et traverses en bois tourné. Il est couvert de velours de Gênes à palmettes et ornements ponceau, sur fond jaune d'or. xvie siècle.

337 — Fauteuil de même époque en bois sculpté, couvert de velours ponceau uni et garni de galons en velours frappé de

même nuance, et d'une frange à grille rehaussée de parties métalliques. Les pieds carrés sont reliés par un entrelacs découpé.

338 — CHAISE à dossier et siège garnis de velours vert à parterre du XVIe siècle.

339 — CHAISE Louis XIII, à dossier élevé, en bois sculpté et découpé à jour. Elle est couverte de velours de Gênes frappé ponceau, et est garnie d'une jolie frange ancienne.

340 — CHAISE pliante garnie en cuir gaufré et gravé et clouté de cuivre.

341 à 343 — TROIS TABOURETS rectangulaires en noyer tourné, recouverts de velours ancien.

344 — DEUX ESCABEAUX en noyer sculpté à festons de pampre et cariatides.

345 — DEUX AUTRES à dossier simulant des masques chimériques.

346 — DEUX CHAISES portugaises à dossier haut et cintré, garni ainsi que le siège de cuir gaufré, fixé à l'aide de clous à larges têtes bombées en cuivre jaune.

347 — DEUX AUTRES plus grandes et plus riches.

ÉTOFFES

348 — TAPIS en velours vénitien broché d'or, à dessin jaune sur fond ponceau; il est encadré de passementeries à perles grenat et d'une frange à grille.

349 — Tapis de table en velours vert à parterre, garni au pourtour et aux angles de passementeries à grille et de franges. XVIe siècle.

Long., 1 m. 25 cent.; larg., 85 cent.

350 — Coussin en satin rouge à coins décorés de fleurons et pourtour à bandes d'ornements en broderie de soies et de fils d'argent.

351 — Petit coussin en soie ponceau, brodé en soie et or et garni d'une dentelle d'or.

352 — Petit tapis de table en velours vert à parterre, à rosaces avec franges au pourtour.

Long., 62 cent.; larg., 45 cent.

353 — Bandeau Renaissance en velours vert décoré en applications de soies blanches; il est bordé en bas d'un passement à dents en argent.

Haut., 25 cent.; long., 2 m. 10 cent.

354 — Deux coupes de velours vert du XVIe siècle à dessin de fleurons inscrits sur des entrelacs liés par des coulants échiquetés.

Longueur totale, 2 m. 80 cent.

355 — Coupe de velours vert à dessins de feuilles et de fleurons en relief sur champ tissé or.

Long., 1 m. 30 cent.

356 — Morceau d'ancien velours grenat à fleurons inscrits dans un treillis.

90 sur 90.

357 — Lot d'ancien velours ponceau uni.

358 — Lot d'échantillons de velours variés de ton.

359 — Coupe d'ancien satin rouge feu.

360 — Coupe de soie cerise.

361 — Plusieurs lots de franges et d'effilés.

362 — Franges métalliques.

FIN

www.ingramcontent.com/pod-product-compliance
Ingram Content Group UK Ltd.
Pitfield, Milton Keynes, MK11 3LW, UK
UKHW031930260826
14628UKWH00004B/1520

9 782329 509631